Prozeßkostenbuch

für das

Deutsche Reich.

Eine übersichtliche Darstellung aller einschlägigen Gesetzesvorschriften nebst Tabellen

für den Gebrauch der Gerichte

sowie

als Rathgeber und Nachschlagebuch für Jedermann

bearbeitet

von

E. Pfafferoth.

Kanzleirath im Reichs-Justizamt.

Berlin 1890.

J. J. Heines Verlag.

Vorwort.

Die Meinung, daß die Prozeßkosten nur etwas Geringfügiges, Nichtbeachtenswerthes seien, erweist sich meist als ein verhängnißvoller Irrthum, der den Betreffenden zum großen Schaden gereicht. Wie wenig solche in der That sowohl für den Staat, wie für die Parteien zu unterschätzen sind, erhellt schon daraus, daß in Preußen allein der Betrag der zur Staatskasse fließenden gerichtlichen Kosten aus bürgerlichen Rechtsstreitigkeiten etwa dem vierten Theil der Erträgnisse aller indirekten Landessteuern gleichkommt. Bekundet sich hierin die große Wichtigkeit der Prozeßkosten als staatliche Besteuerung — die freilich nicht einen Jeden gleichmäßig trifft, da es der Einzelne in der Hand hat, durch sein Verhalten ihren Umfang zu vergrößern oder zu mindern —, so bringt der Inhalt des Buches andererseits die ungeahnte Bedeutung, welche den Prozeßkosten namentlich für die Parteien innewohnt, zur Anschauung. Danach übersteigen nämlich die Kosten in geringeren Sachen den Gegenstand des Rechtsstreits regelmäßig um das Vielfache, sie erreichen den Werth des Streitgegenstandes noch bei Streitsachen im Werthe aufsteigend etwa bis 400 Mk.; dann nehmen sie zwar verhältnißmäßig ab, belaufen sich indessen bei größeren Prozessen bis zum Werthe von etwa 1000 Mk. immer noch auf ungefähr drei Viertheile des Streitgegenstandes, bei solchen bis 3000 Mk. auf die Hälfte und bis etwa 10 000 Mk. auf durchschnittlich ein Viertheil des Objekts.

Die ungemein schweren Vermögenseinbußen, welche Prozeßführende sonach fort und fort durch die Prozeßkosten erleiden, fordern dringend zu größter Vorsicht und ruhiger Ueberlegung auf und es dürfte daher gewiß einen Jeden, der in die Lage kommen kann, sich in einen Prozeß einlassen zu sollen, sehr erwünscht sein, vorkommendenfalls sich schnell und leicht in dem recht verwickelten Kostenwesen orientiren zu können, zunächst um die möglicherweise aufkommenden Kostensummen kennen zu lernen und danach seine Erwägungen vor der Einlassung in den Rechtsstreit oder auch während desselben vorzunehmen, sodann um nach Beendigung des Prozesses die erforderliche Prüfung der Kostenrechnungen mit Verständniß und Vortheil zu bewirken.

Das vorliegende Buch, welches einer gerichtsseitigen Anregung seine Entstehung verdankt, sucht nicht sowohl den angegebenen Zwecken zu dienen, als auch für den Gebrauch der Gerichte und Rechtsanwälte als Handbuch nützlich zu sein; namentlich möchte es auf die Vermeidung unnöthiger Prozesse bezw. auf die Vergleichsabschlüsse vortheilhaft einwirken, indem es in einer bisher wohl noch nicht vorhandenen Aufstellung den Gesammtbetrag aller in einem Prozesse gewöhnlich erwachsenden Kosten und in einer zweiten den Betrag der bei Vergleichsabschließung zu berücksichtigenden Kosten aufführt, daran auch einen Hinweis auf diejenigen Mittel und Wege knüpft, wodurch Prozesse und Prozeßkosten vermieden oder vermindert werden können. In den Bereich dieser gewiß nicht unzeitgemäßen Bestrebungen sind auch die Kosten der Privatklage mitaufgenommen.

Es würde eine nicht geringe Genugthuung sein, wenn es dem Buch gelänge, auf dem behandelten Gebiete nutzbringend zu wirken.

Jeder auf die Erhöhung der Brauchbarkeit des Buchs abzielende Vorschlag und Wink wird dankbar entgegengenommen werden.

Berlin, im Juli 1890.

C. Pfafferoth.

Inhaltsverzeichniß.

Erster Theil.

Allgemeines über die Bedeutung der Prozeßkosten, die Kosten- und Vorschußpflicht, Kostenzahlung und Kostenerstattung, sowie über die Mittel und Wege zur Vermeidung und Ersparung von Prozeßkosten.

Zweiter Theil.

Berechnung der Gerichts- und Anwaltskosten.

1. Gebühren und Auslagen der Gerichte.

Erklärung der Abkürzungen.

A.-G.-O. = Gebührenordnung für Rechtsanwälte,
C.-P.-O. = Civilprozeßordnung,
G.-K.-G. = Gerichtskostengesetz.

Erster Theil.

Allgemeines über die Bedeutung der Prozeßkosten, die Kosten- und Vorschußpflicht, Kostenzahlung und Kostenerstattung, sowie über die Mittel und Wege zur Vermeidung und Ersparung von Prozeßkosten.

I. Was versteht man unter „Prozeßkosten" und wie hoch belaufen sich dieselben gewöhnlich insgesammt? bezw. bei Vergleichen?

1. Der Ausdruck „Prozeßkosten" umfaßt sowohl die Gerichtskosten [1]), d. h. die an die Staats- bezw. Reichskasse zu entrichtenden Gebühren und Auslagen der Gerichte, als auch die außergerichtlichen Kosten, wie namentlich die Gebühren und Auslagen der Rechtsanwälte [2]) und

[1]) Deutsches Gerichtskostengesetz vom 18. Juni 1878 (R.-G.-Bl. S. 141) und Novelle dazu vom 29. Juni 1881 (R.-G.-Bl. S. 178), Gebührenordnung für Gerichtsvollzieher vom 24. Juni 1878 (R.-G.-Bl. S. 166) nebst Novelle vom 29. Juni 1881, Gebührenordnung für Zeugen und Sachverständige vom 30. Juni 1878 (R.-G.-Bl. S. 173) — bearbeitet von C. Pfafferoth „Das Deutsche Gerichtskostenwesen", 4. Auflage, Berlin, Carl Heymanns Verlag.

[2]) Die Gebührenordnung für Rechtsanwälte vom 7. Juli 1879 (R.-G.-Bl. S. 176), bearbeitet (nebst Landesgebührengesetzen) von C. Pfafferoth, Berlin, W. Möser.

Gerichtsvollzieher, die sonstigen Auslagen der Parteien an Reisekosten, Porti u. dgl.

2. Bei der beträchtlichen Höhe der Prozeßkosten wird gewiß Jedem, der in einen Prozeß sich einzulassen oder eine neue, höhere Instanz zu beschreiten beabsichtigt, vor Allem daran gelegen sein müssen, einen **Ueberblick** über diejenigen Kosten zu gewinnen, die ihm erwachsen können, falls er nicht den gewünschten Erfolg erzielt.

Zu diesem Zwecke bringt die angehängte Tabelle I. den Gesammtbetrag der in Prozessen gewöhnlich aufkommenden Kosten und zwar der Gerichtskosten, der Anwaltskosten beider Parteien und der Gerichtsvollzieherkosten, aufgestellt nach Erfahrungssätzen der Praxis aus einer größeren Zahl von Fällen bei verschiedenen Gerichten.

Die angegebenen Beträge bezeichnen diejenigen Kostensummen, welche bei glattem Verlauf des Prozesses nach kontradiktorischer Verhandlung entstehen; Gebühren für Beweisaufnahme sind für die erste und zweite Instanz, Zeugen- und Sachverständigengebühren aber nur für die erste Instanz eingestellt. Da Prozesse über einen Streitgegenstand bis 1500 Mark nur in den seltenen Fällen der C.-P.-O. § 509 bezw. des Gerichtsverfassungsgesetzes § 70 in die Revisionsinstanz gelangen können, so enthält die letzte Spalte für die ersten 9 Werthsklassen nur die Summe der Kosten erster und zweiter Instanz, bei höheren Werthsklassen dagegen die Summe der Kosten aller drei Instanzen. Steht ein Prozeß bis 1200 Mk. in Frage, welcher ausnahmsweise auch in die Revisionsinstanz kommen kann, so würde also der Gesammtsumme in der letzten Spalte noch der Betrag der Kosten der dritten Instanz zuzuzählen sein.

Bei ganz einfachem, schnellem Verlauf des Prozesses werden sich die angegebenen Kosten (und zwar die darunter befindlichen Auslagen) in erster Instanz um etwa 10 bis 40 Mark, in zweiter Instanz um etwa 5 bis 15 Mark — je nach der Höhe des Streitobjekts abgestuft — vermindern können. Bei einigermaßen verwickelten Verhältnissen und umfangreicher Beweisführung kann dagegen eine unbegrenzte Steigerung (in den beiden ersten Instanzen von etwa 10 bis 30 Prozent) in's Auge gefaßt werden.

Zu beachten ist, daß die Zahlen der Tabelle I. weder die Kosten der Zwangsvollstreckung, Kosten für etwaige Beschwerden, Arreste, Interventionen u. dgl. m., noch auch die persönlichen Unkosten der Parteien z. B. für Reisen und Versäumniß u. a., enthalten.

Für *Wechsel- und Urkundenprozesse* kommen die Sätze der Tabelle I. nur zu $^6/_{10}$ in Betracht; wegen einiger sonstiger Ermäßigungen auf $^5/_{10}$, s. Nr. 85, 107.

3. Von nicht minder großem Werthe wird es sein, falls die Parteien nach Erhebung der Klage zu gütlicher Beilegung des Streits geneigt sind, über die bei einem *Vergleichsabschluß* mitzuberücksichtigenden Prozeßkosten unterrichtet zu werden. In dieser Beziehung giebt die Tabelle II darüber Aufschluß, welche Kostensummen bei Vergleichen gewöhnlich in Betracht kommen. Sind bereits höhere Auslagen erwachsen, so werden darüber die Parteien Genaueres wissen, andernfalls geben die Akten darüber Auskunft.

In Wechsel- und Urkundenprozessen sind die Gebührenbeträge nur zu $^6/_{10}$ einzurücken; wegen einiger sonstiger Ermäßigungen auf $^5/_{10}$ s. Nr. 85, 107.

War es im Prozeß bereits zu einer gebührenpflichtigen Entscheidung oder einer Beweisanordnung gekommen, so tritt den Gerichtskosten noch die Verhandlungsgebühr (Tab. III, IV, VI, Spalte 1) hinzu, ferner die Hälfte der Beweisgebühr, wenn schon eine Beweisanordnung bezw. -Aufnahme stattgefunden hatte.

Die Gebühren und Auslagen der Anwälte beider Parteien werden sich in der Regel gleich hoch stellen. Wird der Vergleich erst in der kontradiktorischen Verhandlung nach stattgehabtem Beweisaufnahmeverfahren abgeschlossen, so tritt den Gebühren eines jeden Anwalts noch der Satz Tab. VII bezw. X Spalte 1 hinzu; die Hälfte desselben ist ferner hinzuzusetzen, wenn der Vergleich ohne Mitwirkung des Gerichts abgeschlossen worden ist.

Findet der Vergleichsabschluß erst in zweiter Instanz statt, dann kommen für die erste Instanz natürlich die vollen Kosten dieser (Tabelle I) in Rechnung.

II. Wie kann man auf billige Weise Streitigkeiten beilegen und zur Befriedigung wegen seiner Forderungen gelangen?

Höhe der Kosten.

4. Aus der Tabelle I kann man mit einem Blicke klar ersehen, welche ungemein schwere Tragweite dem Unterliegen im Prozesse beiwohnt. Bis in die 6. Werthsklasse hinein, etwa bis zu einem Streitobjekt von 330 Mark, übersteigen schon die Kosten zweier Instanzen in der Mehrzahl der Fälle den Gegenstand des Streits — in der ersten und zweiten Werthsklasse meist sogar um das Vielfache; von da ab steigen die Kosten zwar nicht in gleichem Schritte mit dem Streitobjekte, aber doch in einem solchen Grade, daß z. B. in der achten Werthsklasse (von 650 bis 950 Mark) im Anfange die Kosten noch 80 % (im Durchschnitt 68 %) des Streitgegenstandes, in der 11. Werthsklasse (von 1600 bis 2100 Mark) Anfangs 71 % (im Durchschnitt 61 %), in der 19. Werthsklasse (von 10000 bis 12000 Mark) Anfangs 22 % (im Durchschnitt 20 %), in der 29. Werthsklasse (von 30000 bis 32000 Mark) noch 13 % des Streitgegenstandes ausmachen.

Ein Prozeß über eine Schadensersatzforderung von 1800 Mark (wovon eigentlich nur 800 Mark unter den Parteien streitig waren) ist durch alle drei Instanzen verhandelt worden. Das Endurtheil spricht dem Kläger eine Entschädigung von 1300 Mark zu, weist ihn dagegen mit dem weiter gehenden Klageantrag in Höhe von 500 Mark ab. Die Kosten des Verfahrens sind dem Kläger zu $^2/_5$, dem Beklagten zu $^3/_5$ auferlegt. Dieselben stellen sich für die 3 Instanzen zusammen auf 1135 Mk., wovon also der

Kläger 454, der Beklagte 681 Mk. zu tragen hat. Der Erfolg des Prozesses stellt sich danach so, daß Kläger thatsächlich nur 1300 — 454 = 846 Mark erhält und Beklagter im Ganzen 1300 + 681 = 1981 Mark zu zahlen hat.

Hätten die Parteien sich vor Einleitung der Klage dahin verglichen, daß von dem streitigen Betrage von 800 ein Jeder die Hälfte mit 400 Mark nachließ, so daß Kläger mit 1400 Mark sich begnügt und Beklagter diesen Betrag ihm bewilligt hätte, so würde trotz dieses bedeutenden Nachlasses der Kläger um 554 Mark besser fortgekommen sein, als nach dem Prozeß und ebenso hätte Beklagter 581 Mark dabei gespart.

Nachtheile des Prozessirens.

5. Obiges Beispiel beweist, wie ungemein wichtig und nöthig es ist, bevor man sich in einen Prozeß einläßt, dessen Aussichten und Wirkungen sich klar zu machen. Der Ausgang eines Prozesses ist von so mancherlei nicht vorherzusehenden Umständen abhängig, daß, wenn auch die Hoffnung auf günstigen Erfolg noch so fest und sicher begründet schien, das Ergebniß häufig allen berechtigten Erwartungen zuwiderläuft. In der Befangenheit und Selbsttäuschung denkt man nicht an die Einreden und Gegenforderungen des Gegners, an die Möglichkeit der Eidesleistung seitens desselben und sonstiger ungünstiger Beweisergebnisse oder an eine Gesetzesauslegung, welche zu nicht erwarteten ungünstigen Ergebnissen führen muß, weil im Interesse der Rechtssicherheit davon auszugehen ist, daß ein Jeder die Gesetze kennt, also auch das Gesetz so auslegt, wie es vor dem erkennenden Richter ausgelegt wird.

Die Verfolgung des Rechts würde dann, statt Vortheil zu bringen, nur schaden. Abgesehen von den Kosten, von den vielen Bemühungen, Unruhen und Belästigungen, die durch den Prozeß erwachsen, hat ein solcher, selbst im Fall des Obsiegens, noch insofern größere Uebel im Gefolge, als er meist für längere Zeit Verbitterung, Verfeindung und Gehässigkeiten hervorruft. Dazu kommt, daß bei Zahlungsunfähigkeit des Gegners häufig Zeit und Mühe, sowie alle Kostenauslagen unnütz aufgewendet sind.

Es liegt deshalb im eigenen Interesse beider Parteien, durch gegenseitiges, friedfertiges Entgegenkommen, durch gegenseitige Aufklärung Meinungsverschiedenheiten auf gütlichem Wege beizulegen und Forderungen, die oft nur zu einem geringen Theil streitig sind, unter beiderseitigen geringen Opfern zu begleichen. Bei zweifelhaften Rechtsfragen, über die nach Befragung von Rechtsverständigen Einigkeit nicht zu erzielen ist, lasse man schlimmstenfalls das Loos entscheiden.

Mittel zur Beilegung von Streitigkeiten.

Auch die Civilprozeßordnung selbst giebt — außer dem Schiedsvertrag, welcher sich auf die Entscheidung künftiger, aus einem bestimmten Rechtsverhältniß entspringender Streitigkeiten bezieht — verschiedene Mittel an die Hand, um kostspielige Prozesse zu vermeiden und auf wohlfeile Art zu einer vortheilhaften Einigung zu gelangen.

Welcher dieser nachstehend beschriebenen Wege zu beschreiten ist, hängt davon ab, ob nur Säumigkeit, Nachlässigkeit, Zahlungsunfähigkeit, oder ob Eigensinn, Streitsucht, Böswilligkeit im gegebenen Falle Grund zum Vorgehen geben.

Schiedsmännische Vergleiche, Friedensrichter 2c.

6. Zur Schlichtung geringerer, einfacher Streitigkeiten sind in einigen Bundesstaaten besondere Organe eingesetzt, z. B. in Preußen die Schiedsmänner [1]), in Sachsen Friedensrichter 2c. [2]), durch welche eine schnelle, kosten-

[1]) Preuß. Schiedsmannsordnung vom 29. März 1879.

[2]) In Württemberg und Baden bestehen zur Entscheidung von Streitigkeiten über Gegenstände bis 60 Mark — vorbehaltlich der Berufung auf den ordentlichen Rechtsweg — Gemeindegerichte, deren Gerichtsbarkeit durch den Gemeinderath bezw. Bürgermeister ausgeübt wird.

lose [1]) Erledigung solcher Fälle zu ermöglichen ist. Vor dem im Bezirk wohnhaften, die Verhältnisse desselben einigermaßen kennenden Schiedsmanne können sich die Parteien gegenseitig aussprechen, ihre Ansichten und Einreden geltend machen, dadurch nebensächliche Punkte ausscheiden und so unter vermittelnder Mitwirkung des unbefangenen Schiedsmanns leicht in der Hauptsache zu einem Vergleiche gelangen. Zu diesem Zwecke hat man vorher persönlich oder schriftlich die Anberaumung eines Termins nachzusuchen. Die Partei, welche in dem Termin nicht erscheinen kann oder will, muß dies spätestens am Tage zuvor dem Schiedsmann anzeigen. Von dem Vergleichs-Protokoll wird auf Verlangen eine vollstreckbare Ausfertigung durch den Schiedsmann hergestellt, auf Grund deren dann die Beitreibung im Wege der Zwangsvollstreckung zulässig ist.[2])

Gerichtliche oder notarielle Urkunden.

7. Wem es zur Sicherung eines schnellen Zugriffs nur daran liegt, einen leicht benutzbaren Schuldtitel für eine an sich nicht streitige Forderung zu erlangen, der kann sich, sofern es sich um einen Anspruch handelt, welcher die Zahlung einer bestimmten Geldsumme oder die Leistung einer bestimmten Menge anderer vertretbarer Sachen oder Werthpapiere zum Gegenstand hat, darüber unter Mitwirkung des Schuldners von dem Amtsgerichte oder einem Notar eine Urkunde errichten lassen, in welcher der Schuldner sich der sofortigen Zwangsvollstreckung unterwirft. Auf Grund einer vollstreckbaren Ausfertigung dieser Urkunde, welche von dem Gerichtsschreiber des betr. Gerichts bezw. dem Notar zu beziehen ist, kann jederzeit, wenn nöthig, die Zwangsvollstreckung bewirkt werden.[3])

---

[1]) Es werden meist nur einige Auslagen, Schreibgebühren u. dgl. erhoben, Stempel nur für die dabei verlautbaren Rechtsgeschäfte, Verträge zc., soweit solche an sich stempelpflichtig sind.

[2]) C.-P.-O. § 706.

[3]) C.-P.-O. § 702 Nr. 5, § 705.

Amtsgerichtliches Sühneverfahren.

8. Für verwickeltere und zweifelhaftere Fälle kann ganz besonders das amtsgerichtliche Sühneverfahren anempfohlen werden.

Es kann nämlich Jeder, der eine Klage zu erheben beabsichtigt, vorher seinen Gegner unter Angabe des Gegenstandes seines Anspruchs zum Zwecke eines Sühneversuchs vor dasjenige Amtsgericht, vor welchem der Gegner seinen allgemeinen Gerichtsstand hat, laden und zwar indem er sein Vorhaben vor dem Gerichtsschreiber des Amtsgerichts zu Protokoll erklärt oder dasselbe etwa in folgender Form dem Gerichte schriftlich mittheilt:

Formular 1.

Berlin, den 2. Juli 1890.

Ladung zum Sühneversuch.

Der Fabrikant E. Müller, hierselbst Friedrichstr. 25 wohnhaft, schuldet mir für einen im vorigen Jahre auf dessen Grundstück von mir ausgeführten Reparaturbau noch einen Restbetrag von 500 Mark.

Da ich in Güte die Sache erledigen und einen Prozeß deßhalb vermeiden möchte, lade ich hiermit Hrn. Müller zu einem Sühneversuch vor das hiesige Königl. Amtsgericht I.

Abschrift liegt bei.

Eine Abschrift ist beizufügen.

A. Reicher, Maurermeister,
Linienstraße 63.

An
das Königliche Amtsgericht I
hierselbst.

Nachdem der Amtsrichter den Termin festgesetzt hat, trägt der Gerichtsschreiber für die Zustellung der Ladung Sorge, sofern nicht etwa der Ladende erklärt, dieses selbst thun zu wollen.

Erscheinen beide Parteien und wird ein Vergleich geschlossen, so ist derselbe zu Protokoll festzustellen. Kommt aber kein Vergleich zu Stande, so wird, wenn beide Parteien es beantragen, der Rechtsstreit sofort verhandelt; die Klage wird in diesem Falle mündlich erhoben.

Dieses Verfahren ist noch erfolgverheißender als dasjenige vor dem Schiedsmann; denn die Parteien verhandeln hier vor einem unbetheiligten Rechtsverständigen, welcher besser als jener die rechtliche Lage übersehen, zweifelhafte Fragen erläutern, auf nothwendige Ermittelungen hinweisen und so erfolgreicheren Beistand leisten kann. Die Kosten, welche entstehen können, sind ganz geringfügig [1]); z. B. für Sühnetermin und Vergleichsaufnahme über 100 Mark = 1,40 Mark, über 500 Mark = 6 Mark. Erscheint der Gegner nicht im Termin, oder bleibt der Sühneversuch ohne Erfolg, so werden sogar die erwachsenen Kosten als Theil der Kosten des entstehenden Rechtsstreits behandelt [2]), auf diese also ganz angerechnet.

Das Erscheinen der Parteien im Termin kann für dieselben auch nicht als Mehrbelästigung gelten, da sie ohnedies in einem Prozesse ihre Ladung vor Gericht zum Zwecke von Sühneversuchen gewärtigen müßten. [3]) Die Parteien können übrigens auch einen Anwalt zum Sühnetermin mitbringen.

Aus den aufgenommenen Vergleichen findet die Zwangsvollstreckung statt [4]), nachdem eine vollstreckbare Ausfertigung durch den Gerichtsschreiber hergestellt ist.

9. Aber auch für die Fälle, in denen keine Aussicht auf gütliche Beilegung besteht und die Entscheidung des Gerichts angerufen werden muß, sind noch einige Wege zur Minderung und Ersparung von Kosten gegeben.

Armenrecht.

10. Auf Bewilligung des Armenrechts hat Jeder (Kläger und Beklagter) Anspruch, der zur Bestreitung der Prozeßkosten ohne Beeinträchtigung des nothwendigen Unterhalts für sich und seine Familie außer Stande ist,

---

[1]) Siehe Tarif, Pos. Sühneversuch.

[2]) C.-P.O. § 471.

[3]) C.-P.O. § 268.

[4]) C.-P.O. § 702 Nr. 2.

(auch wenn alimentationspflichtige Verwandte vorhanden sind), vorausgesetzt daß die beabsichtigte Rechtsverfolgung oder Rechtsvertheidigung nicht muthwillig oder offenbar aussichtslos erscheint. Ausländer haben auf das Armenrecht nur insoweit Anspruch als dasselbe in dem Staate, dem sie angehören, auch den Deutschen bewilligt wird,[1]) wie es z. B. zufolge besonderer Konventionen in Belgien, Frankreich, Italien, Luxemburg, den Niederlanden, Oesterreich und Rußland der Fall ist.

Durch die Bewilligung des Armenrechts erlangt die Partei die einstweilige Befreiung von der Bezahlung der rückständigen und künftig erwachsenden Gerichtskosten, die Befreiung von der Sicherheitsleistung für die Prozeßkosten und das Recht auf Beiordnung eines Gerichtsvollziehers und Rechtsanwalts in Anwaltsprozessen mit einstweiliger Befreiung von der Bezahlung der Gebühren und Auslagen.[2]) Solche Beiordnung kann auch in amtsgerichtlichen Prozessen erfolgen.[3])

Die Partei ist aber zur Nachzahlung der Beträge, von deren Berichtigung sie einstweilen befreit war, verpflichtet, sobald sie dazu ohne Beeinträchtigung des nothwendigen Unterhalts für sich und ihre Familie im Stande ist.[4])

Auf die Verpflichtung zur Erstattung der dem Gegner erwachsenen Kosten hat indessen das Armenrecht keinen Einfluß.

Das Gesuch um Bewilligung des Armenrechts ist bei demjenigen Gerichte anzubringen, bei welchem der Rechtsstreit anhängig ist oder werden soll, und zwar schriftlich etwa nach dem folgenden Formular 2 oder auch zu Protokoll vor dem Gerichtsschreiber. In dem Gesuche ist das Streitverhältniß unter Angabe der Beweismittel darzulegen, auch ist demselben ein Armuthszeugniß, welches man sich

---

[1]) C.-P.-O. § 106.
[2]) C.-P.-O. § 107.
[3]) R.-A.-O. § 34.
[4]) C.-P.-O. § 116.

zuvor unter Angabe des Zwecks von der Ortsobrigkeit,[1]) bei Bevormundeten von der Vormundschaftsbehörde zu beschaffen hat, beizufügen.

Das Armenrecht wird immer nur für eine Instanz bewilligt. Die Bewilligung erfolgt völlig gebührenfrei; bei Ablehnung s. Tarif, Pos. „Armenrecht".

Gegen die Verweigerung desselben oder die Ablehnung der Beiordnung eines Anwalts steht der Partei die an keine Frist gebundene, an dasselbe Gericht zu sendende Beschwerde zu, welche sie selbst, ohne Anwalt, nach Formular 3 einlegen kann.[2])

Der beigeordnete Rechtsanwalt darf von der armen Partei weder für Gebühren, noch für Auslagen Vorschuß verlangen. Demselben ist alsbald Vollmacht und ausführliche Information über den Anspruch (nebst allen

[1]) Man wende sich in Preußen an die Ortspolizeiverwaltungen des Wohnsitzes oder Aufenthaltsorts bezw. auf dem Lande an den Amtsvorsteher — in Berlin an die Armendirektion oder direkt an die Bezirksvorsteher — in Bayern an den Armenpflegschaftsrath — in Sachsen an den Stadtrath bezw. Bürgermeister, Gemeinde-Orts-Vorsteher — in Württemberg an den Gemeinderath — Baden: Gemeinderath — Hessen: Ortsgericht (in Rheinhessen: Bürgermeister) — Sachsen-Weimar: Bezirksdirektor — Oldenburg: Amt — S.-Meiningen: Magistrat bezw. Bürgermeister, Amt oder Kreisvorstand — S.-Altenburg: Stadtrath bezw. Landrathsamt — Coburg-Gotha: landräthliche Behörde — Schwarzburg-Rudolstadt: Landrathsamt — Reuß ä. L.: Gemeindevorstand bezw. Landrathsamt — Reuß j. L.: Gemeindevorstand bezw. Amtsgericht — Schaumburg-Lippe: Magistrat bezw. Amt — Lippe: Magistrat bezw. Gemeindevorstand — Bremen: Polizeidirektor bezw. Landherr — Hamburg: städt. Polizeibehörde (bezw. Amtsverwaltung in Ritzebüttel, Bürgermeister in Bergedorf) bezw. Gemeindevorstand.

[2]) C.-P.-O. § 118.

bisher entstandenen Auslagen, Porti rc.) unter Anschluß aller Beläge, sowie über die vermuthlichen Einreden des Gegners, über die vorzuschlagenden Zeugen und über die Bereitwilligkeit zur Eidesleistung mitzutheilen.

Formular 2.

Leipzig, den 2. April 1890.

Armenrechtsgesuch.

Gegen den Ingenieur O. Müller in Zwickau beabsichtige ich klagbar zu werden wegen eines Betrages von 45 Mk., welchen derselbe Ende vorigen Jahres darlehnsweise von mir erhalten hat und trotz rechtzeitiger Kündigung noch schuldet, wie ich durch Zeugen und Eideszuschiebung beweisen zu können gedenke.

Auf Grund des beiliegenden Armuthszeugnisses bitte ich

um Bewilligung des Armenrechts und Beiordnung eines Rechtsanwalts.

R. Krüger, Schlosser.

An
das Königl. Amtsgericht
in Zwickau.

Formular 3.

Leipzig, den 20. April 1890.

Beschwerde.

In meiner Klagesache wider den Ingenieur O. Müller in Zwickau wegen 45 Mark hat das Königl. Amtsgericht in Zwickau durch Beschluß vom 15. d. Mts. mein Gesuch um Bewilligung des Armenrechts und Beiordnung eines Rechtsanwalts zurückgewiesen, weil Müller letzthin den Offenbarungseid geleistet habe und deshalb die beabsichtigte Rechtsverfolgung aussichtslos erscheine. Ich erhebe hiermit Beschwerde dagegen, weil nach anliegender Bescheinigung des Bezirksvorstehers Klein der Vater des Müller ein größeres Haus besitzt, sich in wohlhabenden Verhältnissen befindet, über 70 Jahre alt und kränklich ist und daher vermuthlich in nicht zu langer Zeit Müller eine wesentliche Vermögensaufbesserung erfahren wird.

R. Krüger, Schlosser.

An
das Königl. Amtsgericht
in Zwickau.

Mahnverfahren.

11. Das auf jeden Betrag anwendbare, bequeme und wohlfeile Mahnverfahren ist besonders in allen solchen Fällen anzurathen, in welchen nur Säumigkeit oder Zahlungsunfähigkeit des Schuldners vorliegt. Es führt schnell zum Ziele und zur Unterbrechung der Verjährung. Es ist aber nur zulässig für Forderungen auf Geld, Werthpapiere und andere vertretbare Sachen, d. h. solche, bei denen es sich nur um eine nach Maaß, Zahl oder Gewicht bestimmte Menge einer gewissen Art, nicht nur einzeln bestimmter Stücke handelt.[1])

Der Gläubiger hat ein Gesuch um Erlaß des Zahlungsbefehls an das Amtsgericht, in dessen Bezirk der Schuldner wohnt, zu richten.[2])

Formular 4.

Liegnitz, den 1. Mai 1890.

**Gesuch
um Erlaß eines Zahlungsbefehls.**

Der Kaufmann H. Meier in Posen hat im Januar d. J. auf seine Bestellung von mir 60 Reisekörbe zum verabredeten Preise von 450 Mark geliefert erhalten. Zahlung sollte am 1. April d. J. erfolgen, ist aber nicht geschehen.

Ich bitte deshalb
um Erlaß eines Zahlungsbefehls gegen Meier wegen 450 Mk. nebst 5 % Zinsen v. 1. April d. J. ab.

A. Richter, Korbmachermeister.

An
das Königl. Amtsgericht
in Posen.

Das Gesuch kann auch mündlich vor dem Gerichtsschreiber erklärt werden. Ist dasselbe unbegründet, wird es zurückgewiesen, ohne daß eine Anfechtung dieser Verfügung zulässig wäre.[3])

---

[1]) C.-P.-O. § 628.

[2]) C.-P.-O. § 629.

[3]) C.-P.-O. § 631.

Mit Zustellung des Zahlungsbefehls wird die Sache rechtshängig, kann also auch im Falle einer Ortsveränderung des Schuldners bei demselben Gericht weiter verhandelt werden.[1])

In derselben Weise kann der Schuldner Widerspruch gegen den Zahlungsbefehl erheben und zwar so lange bis der Vollstreckungsbefehl verfügt ist, mindestens aber innerhalb 14 Tage nach Zustellung des Zahlungsbefehls.[2]) Der Schuldner thut gut, Widerspruch nur dann zu erheben, wenn er begründete Einwendungen geltend machen kann, weil sonst die Kostenlast bedeutend zunimmt.

Möglichst bald nach Ablauf der zweiwöchigen Frist wird, sofern nicht Widerspruch erhoben worden, der Vollstreckungsbefehl — etwa in nachstehender Form — nachgesucht: [3])

Formular 5.

Leipzig, den 26. Mai 1890.

Gesuch
um Erlaß eines Vollstreckungsbefehls
in Sachen Richter wider Meyer
No. 163 von 1890.

Den (anliegenden) Zahlungsbefehl vom 5. ds. Mts. bitte ich unter Berücksichtigung der mir bisher weiter entstandenen Kosten nämlich:

für Zustellung und Postnachnahme	85 Pf.
Porto für dieses	20 „
Sa.	1,05 M.

für vollstreckbar zu erklären.

A. Richter.

An
das Königl. Amtsgericht
in Posen.

---

1) C.-P.-O. § 633.

2) C.-P.-O. § 634.

3) C.-P.-O. § 639.

Wird das Gesuch abgelehnt, so kann binnen 14 Tagen dagegen Beschwerde erhoben werden. S. Formular 3.

Wird die Erlassung des Vollstreckungsbefehls nicht binnen einer Frist von 6 Monaten nach Ablauf der zweiwöchigen Frist des Zahlungsbefehls nachgesucht, so verliert letzterer seine Kraft und die entstandenen Kosten muß dann der Gläubiger tragen. [1]) Dasselbe ist der Fall, wenn Widerspruch erhoben ist und innerhalb 6 Monate vom Tage der Benachrichtigung davon nicht die Klage bei dem Landgericht, sofern dieses für den Anspruch zuständig ist, erhoben wird. [2]) Gehört die Sache vor das Amtsgericht (also insbesondere bei Beträgen bis zu 300 Mark) so bleibt sie fortdauernd anhängig; es muß dann aber eine der Parteien die andere zur mündlichen Verhandlung laden; der betr. Antrag kann auch zum Protokoll des Gerichtsschreibers erklärt werden. [3])

Die Kosten des Mahnverfahrens werden im Uebrigen bei rechtzeitigem Widerspruch als ein Theil der Kosten des entstehenden Rechtsstreits angesehen, d. h. auf diese angerechnet; Kläger kann also im Falle des Obsiegens außer den sonstigen Prozeßkosten auch die für den Zahlungsbefehl 2c. ihm erwachsenen Kosten vom Beklagten erstattet verlangen. [4])

Ueber die Gerichts- und Anwaltskosten siehe Tarif Pos. „Mahnverfahren" und Nr. 54.

Die Gerichtsgebühren betragen z. B. für einen Zahlungsbefehl über 100 Mk. = 1 Mk., über 500 Mk. = 4 Mk., für einen Vollstreckungsbefehl über 100 Mk. = 0,50 Mk., über 500 M. = 2 Mk.; dazu treten etwa 75 Pf. Auslagen.

---

[1]) C.-P.-O. § 641.

[2]) C.-P.-O. § 637.

[3]) C.-P.-O. § 636.

[4]) C.-P.-O. § 638.

Urkunden und Wechselprozeß.

12. Eine Ermäßigung der Gerichts- und Anwaltsgebühren um $^1/_{10}$ tritt ein, wenn im Urkunden- oder Wechselprozeß geklagt wird. Dem Kläger steht frei, im Urkundenprozeß zu klagen, wenn es sich um solche Ansprüche handelt, wegen deren ein Zahlungsbefehl erlassen werden kann (s. Nr. 11) und wenn sämmtliche zur Begründung des Anspruchs erforderliche Thatsachen (auch z. B. Kündigung, Erbeslegitimation u. a.) durch Urkunden und zwar öffentliche oder Privaturkunden, wie Schuldverschreibungen, briefliche Bestellungen, Handelsbücher ꝛc. bewiesen werden können.[1]) Als Beweismittel für sonstige Thatsachen und die Echtheit oder Unechtheit einer Urkunde sind auch nur Urkunden oder Eideszuschiebung zulässig.[2])

Die Prozeßart bringt meist schnell und sicher den gewünschten Erfolg herbei. Die Klage braucht nur die Erklärung zu enthalten, daß im Urkundenprozeß geklagt werde; die Urkunden müssen aber in Urschrift oder Abschrift der Klage beigefügt werden.[3])

Anerkenntniß, Aussonderung von Nichtstreitigem.

13. Kommt es dem Beklagten, wenn er eine Klage nicht hat abwenden können, wegen augenblicklicher Zahlungsunfähigkeit nur darauf an, einige Wochen Frist bis zum Termin zu erlangen, so empfiehlt es sich, statt durch unnützes Bestreiten die Kosten zu erhöhen, wenigstens im Termine die Forderung anzuerkennen oder im Termin überhaupt nicht zu erscheinen und ein Versäumnißurtheil ergehen zu lassen. Ueber die Kosten s. Nr. 81, 83 und 105 a, b.

Immer aber verdient es den Vorzug, es nicht zum Prozeß kommen zu lassen oder wenigstens zuvor alles Nichtstreitige durch gegenseitiges Nachgeben auszusondern,

---

1) C.-P.-O. § 555.

2) C.-P.-O. § 558.

3) C.-P.-O. § 556.

damit die Kosten wenigstens nur von dem wirklichen Streitbetrage zu entrichten sind. In allen Fällen möge der Schuldner nicht übersehen, daß der Richter von Geldbeträgen in der Regel 5 Prozent Zinsen zuzuerkennen hat, welche noch zu den Kosten hinzutreten und für die der Kreditfähige auch anderweit sich Kredit verschaffen könnte.

Ueber den Vergleichsabschluß im Laufe des Prozesses s. Nr. 21.

III. Wer hat die Kosten zu tragen?

Kostenentscheidung.

14. Eine jede gerichtliche Entscheidung, welche einen Rechtsstreit, einen Theil desselben oder innerhalb des Rechtsstreits ein besonders zu vergütendes Verfahren abschließt, muß festsetzen, wer die Kosten des Verfahrens zu tragen verpflichtet ist.[1] Spricht sich die Entscheidung nicht darüber aus, so empfiehlt es sich, deren Ergänzung in dieser Hinsicht bei Gericht zu beantragen.[2]

Wegen des Kostenpunkts allein kann eine Entscheidung auf keine Weise angegriffen werden; eine Anfechtung ist nur zulässig, wenn zugleich gegen die Entscheidung in der Hauptsache ein Rechtsmittel eingelegt wird.[3]

Kostenpflicht.

15. Die Pflicht zur Tragung der Kosten schließt in allen Fällen auch die Verpflichtung zur Erstattung der der Gegenpartei entstandenen Unkosten ein. Siehe hierüber Abschnitt IX.

Grundsätzlich fallen die sämmtlichen Prozeßkosten aller Instanzen derjenigen Partei zur Last, welche endgültig und rechtskräftig im Rechtsstreit unterliegt.[4] Wenn beide

---

[1]) C.-P.-O. § 279 Abs. 2.
[2]) C.-P.-O. § 292.
[3]) C.-P.-O. § 94.
[4]) C.-P.-O. § 87.

Parteien theils obsiegen, theils unterliegen, sind die Kosten unter sie verhältnißmäßig zu vertheilen oder gegeneinander aufzuheben (zu kompensiren). Das Gericht kann aber auch in diesem Falle die gesammten Kosten der einen Partei auferlegen, besonders wenn die Zuvielforderung der anderen Partei eine verhältnißmäßig geringfügige war und keine besonderen Kosten veranlaßt hat.[1])

16. Hat der Beklagte durch sein Verhalten (z. B. durch Bestreiten, Vorenthaltung, Verzug) zur Erhebung der Klage nicht Veranlassung gegeben, so fallen dem Kläger allein die Prozeßkosten zur Last, wenn der Beklagte sofort in der mündlichen Verhandlung den Anspruch anerkennt.[2])

Die Kosten eines erfolglosen Rechtsmittels fallen der Partei, welche es eingelegt hat, zur Last.[3])

17. Zur Verhütung von Prozeßverschleppungen können auch der Partei, welche sich der Versäumung von Terminen oder Fristen, der Verzögerung im Vorbringen der Rechtsbehelfe, ebenso der erfolglosen Geltendmachung solcher schuldig machte, die dadurch erwachsenen Kosten auferlegt werden.[4])

18. Ist durch solches Verschulden einer Partei oder eines Vertreters derselben ein neuer Verhandlungstermin oder eine nochmalige Beweisanordnung erforderlich geworden, so kann das Gericht von Amtswegen dafür eine Strafgebühr in Höhe bis zum Betrage der Gebühr Tab. III, Spalte 1, beschließen, wogegen aber Beschwerde (ohne Anwaltszwang) zulässig ist.[5])

19. Ferner können Gerichtsschreiber, gesetzliche Vertreter, Rechtsanwälte und andere Bevollmächtigte, sowie Gerichtsvollzieher durch das Prozeßgericht zur Tragung der

---

[1]) C.-P.-O. § 88.

[2]) C.-P.-O. § 89.

[3]) C.-P.-O. § 92.

[4]) C.-P.-O. §§ 90, 91, 216, 251, 256, 259, 309; siehe auch Tarif, Pos. „Einspruch".

[5]) G.-K.-G. § 48.

durch grobes Verschulden von ihnen veranlaßten Kosten verurtheilt werden.[1])

20. Endlich können auch die Kosten der Berufungsinstanz der obsiegenden Partei ganz oder theilweise dann auferlegt werden, wenn sie auf Grund eines neuen Vorbringens obsiegt, welches sie nach freiem Ermessen des Gerichts in erster Instanz geltend zu machen im Stande war.[2])

21. Bei Vergleichen ist es rathsam, auch über die Kosten desselben und die Kosten des dadurch erledigten Rechtsstreits bestimmte Abrede zu treffen. (Siehe Nr. 3.) Ist dies unterblieben, so wird gesetzlich angenommen, daß die Kosten gegen einander aufgehoben seien[3]), d. h. daß jede Partei die von ihr aufgewendeten und noch aufzuwendenden Kosten ohne Ersatzanspruch allein trage, wohingegen die gerichtlichen Kosten dann von jeder Partei je zur Hälfte erhoben werden. (Siehe Nr. 26.)

22. Wird eine Klage, ein Rechtsmittel oder ein sonstiger Antrag zurückgenommen, so ist der zurücknehmende Kläger oder Antragsteller zur Tragung der Kosten verpflichtet, sofern nicht über dieselben bereits rechtskräftig erkannt ist. Auf Antrag der Gegenpartei ist diese Verpflichtung noch besonders durch Urtheil auszusprechen.[4])

Die Kosten der Zwangsvollstreckung fallen, soweit sie nothwendig waren, immer dem Schuldner zur Last.[5])

Niederschlagung von Gebühren.

23. Die Gerichte sind befugt, Gerichtsgebühren (nicht auch Auslagen, z. B. Kalkulaturgebühren), welche durch eine unrichtige Behandlung der Sache ohne Schuld der Betheiligten entstanden sind, niederzuschlagen, und für ab-

[1]) C.-P.-O. § 97.
[2]) C.-P.-O. § 92 Abs. 2.
[3]) C.-P.-O. § 93.
[4]) C.-P.-O. §§ 243, 476, 529.
[5]) C.-P.-O. § 697.

weisende Bescheide, wenn der Antrag auf nicht anzurechnender Unkenntniß der Verhältnisse oder auf Unwissenheit beruht, Gebührenfreiheit zu gewähren.[1])

Hiervon zu unterscheiden ist der nur im Gnadenwege mögliche Erlaß bereits angesetzter Kosten, und die vorläufige Niederschlagung oder Stundung solcher wegen Unbeitreiblichkeit bezw. Armuth im Verwaltungswege.

IV. Wer gilt der Staatskasse gegenüber als Schuldner der Gerichtskosten?

24. Während in vorstehend dargelegter Weise das Verhältniß der Parteien untereinander bezüglich der Kostenpflicht geregelt ist, hat das G.-K.-G. das Verhältniß der Parteien gegenüber der Staatskasse wie folgt festgesetzt:

25. Schuldner der Gebühren und Auslagen der Gerichte ist der Staatskasse gegenüber in erster Linie derjenige, welchem für die betr. Instanz durch gerichtliche Entscheidung (Urtheil, Beschluß, Verfügung) die Kosten des Verfahrens auferlegt sind.[2]) Die dadurch begründete Verpflichtung erlischt aber, insoweit eine Aufhebung oder Abänderung der Entscheidung erfolgt. An Stelle der früheren tritt dann die neue Kostenregelung; doch findet eine Zurückzahlung bereits entrichteter Beträge nicht statt, es sei denn, daß (z. B. in Folge einer anderweiten Werthsfestsetzung) auch ein neuer Gebührenansatz erforderlich wird.[3]) Wegen der zuviel gezahlten Gerichtskosten hat somit die Partei nur einen Erstattungsanspruch an die andere.

26. Auch derjenige, welcher die Gerichtskosten gemäß Uebereinkunft zwischen den Parteien durch eine vor dem Gericht abgegebene oder demselben mitgetheilte Erklärung übernommen hat, gilt ferner als Schuldner der Staats-

[1]) G.-K.-G. § 6, insbesondere auch bei Beschwerden.

[2]) G.-K.-G. § 86. Die Kostenentscheidung des Urtheils erstreckt sich aber nicht zugleich auf die erst im Zwangsvollstreckungsverfahren erwachsenden Kosten.

[3]) G.-K.-G. § 87.

kasse. Derselben haftet freilich dessenungeachtet jede Partei wenigstens für die Hälfte der Kosten. Diese Haftbarkeit kann aber erst geltend gemacht werden, wenn eine Zwangsvollstreckung in das bewegliche Vermögen der nach Vorstehendem zahlungspflichtigen Partei erfolglos geblieben ist.[1])

27. In Ermangelung eines anderen Schuldners ist derjenige, welcher das Verfahren in der Instanz **beantragt** hat, Schuldner der entstandenen Gebühren und Auslagen. Dies trifft z. B. auch dann zu, wenn in einer gerichtlichen Entscheidung keine positive Bestimmung über die Kostenlast getroffen ist, wie z. B. in dem Falle, daß die höhere Instanz eine Sache in die Vorinstanz zurückverweist und dieser auch die schließliche Entscheidung über die Kosten der höheren Instanz vorbehält, wo dann also zunächst der Berufungs- oder Revisionskläger die Kosten der höheren Instanz zahlen muß. Soweit es sich jedoch um **Auslagen** handelt, für welche der Gegner Vorschuß zu leisten verpflichtet war, sind diese Auslagen vom Gegner zu erheben, selbst wenn der Vorschuß bisher noch nicht eingefordert war.[2])

28. Schuldner der **Schreibgebühr** für Ausfertigungen und Abschriften, welche nicht von Amtswegen, sondern nur auf Ansuchen zu ertheilen sind, ist in allen Fällen der Antragsteller.[3])

29. Besteht die Partei aus **mehreren Personen**, so haften dieselben in Ermangelung einer gerichtlichen Entscheidung über die Kostenvertheilung nach Kopftheilen.[4])

30. Durch vorstehende Regeln wird eine nach dem **bürgerlichen Rechte** der einzelnen Bundesstaaten begründete Verpflichtung eines Dritten zur Kostenzahlung nicht berührt.[5])

Eine solche Verpflichtung besteht z. B. für den Ehe-

---

[1]) G.-K.-G. §§ 86, 88.

[2]) G.-K.-G. § 89.

[3]) G.-K.-G. § 86 Abs. 2.

[4]) G.-K.-G. § 91.

[5]) G.-K.-G. § 92.

mann nach preußischem Rechte bei solchen Prozessen seiner Ehefrau, welche deren Person oder das von ihr eingebrachte oder gesetzlich vorbehaltene Vermögen betreffen.[1])

Trotz der Haftpflicht des Mannes bleibt aber die Ehefrau, wenn sie nach Obigem kostenpflichtig ist, immerhin Schuldnerin der Staatskasse, kann also nicht verlangen, daß die Kosten zunächst von ihrem Ehemanne eingezogen werden.

Ebenso haftet auch der Vater für die Kosten aus Prozessen der in seiner väterlichen Gewalt befindlichen Kinder, jedenfalls der minderjährigen.

Die Haftung erstreckt sich auch auf die Vorschußpflicht.

V. Ueber die Gerichtskostenvorschüsse.

31. Zur theilweisen Deckung der Staatskasse wegen der Kosten kann von dem Antragsteller für jede Instanz ein Gebührenvorschuß erhoben werden im Betrage der höchsten Gebühr, welche für einen Akt der Instanz (im Sinne des Abschnitts XIV) zum Ansatze kommen kann. (Tab. III, IV, V, VI.) Z. B. bei einem Prozesse über 5000 Mark in erster Instanz 68, in zweiter 85, in dritter 102 Mark.

Diese Verpflichtung besteht auch für den Widerkläger und im Falle wechselseitig eingelegter Rechtsmittel für jede Partei, in beiden Fällen unter getrennter Berechnung der Streitgegenstände.

Bei Erweiterung der Anträge ist der Vorschuß nach Maßgabe der Erweiterung zu erhöhen.[2])

In Preußen wird der Vorschuß erst erhoben, nachdem der erste Termin zur mündlichen Verhandlung stattgefunden hat.

Im Mahnverfahren kann ein Vorschuß erst im Falle des Widerspruchs gegen den Zahlungsbefehl bei

---

[1]) Allg. Landrecht II, Tit. 1, §§ 187, 726.

[2]) G.-K.-G. § 81.

Ladung zur Verhandlung, oder bei Einlegung des Einspruchs gegen den Vollstreckungsbefehl erfordert werden.

32. Außer dem Gebührenvorschuß ist ferner bei jedem Antrag auf Vornahme einer Handlung, mit welcher baare Auslagen verbunden sind (z. B. Zeugenvernehmung), ein zur Deckung derselben hinreichender Vorschuß von dem Antragsteller auf Erfordern jederzeit (auch nach Vornahme der betr. Handlung) zu zahlen.[1]) S. a. Nr. 44.

33. Ausländer, welche als Kläger auftreten, haben, auch wenn sie in Deutschland wohnen, das Dreifache des vorerwähnten Betrags als Gebührenvorschuß zu zahlen.

Diese Verpflichtung tritt nicht ein:

a. wenn nach den Gesetzen des Staates, welchem der Kläger angehört, ein Deutscher in gleichem Falle zu einer besonderen Vorauszahlung oder zu einer Sicherstellung der Gerichtskosten nicht verpflichtet ist, d. h. als Fremder keinen anderen Vorschuß, als die Einheimischen zu leisten hat, wie es wohl fast allerwärts der Fall ist[2]);
b. im Urkunden- oder Wechselprozesse;
c. bei Widerklagen;
d. bei Klagen, welche in Folge einer öffentlichen Aufforderung angestellt werden;

---

[1]) G.-K.-G. § 84.

[2]) Völkerrechtliche Vereinbarungen sind über diesen Punkt von Reichswegen noch nicht abgeschlossen. Die Frage wird aber durch die zwischen dem deutschen Reiche und Belgien, Frankreich, Italien, Luxemburg und Oesterreich abgeschlossenen Armenrechtskonventionen mitbetroffen. Eine Gleichstellung von In- und Ausländern ist ferner vereinbart in den Freundschafts-, Handels- und Schifffahrtsverträgen mit Chile, Costa Rica, Dominika, Griechenland, Guatemala, den Hawai-Inseln, Honduras, Italien, Mexiko, San Salvador, Serbien, Spanien und der Südafrikanischen Republik.

Dieselbe Gleichstellung besteht auch in Oesterreich-Ungarn und Frankreich.

e. bei Klagen aus Ansprüchen, welche in das Grund- oder Hypothekenbuch einer deutschen Behörde eingetragen sind;

f. wenn dem Kläger das Armenrecht bewilligt ist.

Die Verpflichtung besteht auch dann, wenn im Laufe des Rechtsstreits der Kläger die Eigenschaften eines Deutschen verliert, oder die Voraussetzung, unter welcher der Ausländer von der Verpflichtung befreit war, wegfällt.

Vor Zahlung des von einem Ausländer zu zahlenden Vorschusses ist die Vornahme jeder gerichtlichen Handlung abzulehnen, sofern nicht glaubhaft gemacht wird, daß die Verzögerung dem Ausländer einen nicht zu ersetzenden Nachtheil bringen würde.[1])

34. Da der Vorschuß als eine definitive Vorauszahlung anzusehen ist, so bleibt die Verpflichtung zur Zahlung der vorzuschießenden Beträge bestehen, wenn auch die Kosten des Verfahrens einem Anderen auferlegt oder von einem Anderen übernommen sind.[2])

Die Staatskasse kann sich also wegen fälliger Kosten sowohl an den Kostenpflichtigen, wie auch an den Vorschußpflichtigen, soweit dessen Vorschuß zu haften hat, halten.

35. Die Rückzahlung des zu Recht geleisteten Gebühren-Vorschusses kann demnach — abgesehen von dem Falle Nr. 43 — nur bei Beendigung der Instanz und Fälligkeit der Kosten und dann nur soweit gefordert werden, als der Vorschuß den Betrag der Gebühren der Instanz überschreitet.

36. Der Vorschuß kann natürlich nur zur Deckung für die Gebühren bezw. die Auslagen derjenigen Instanz bezw. desjenigen Verfahrens verwendet werden, wofür er zu leisten war.

37. Die Thätigkeit des Gerichts darf aber — abgesehen von Nr. 33 letzten Absatz — im Allgemeinen von der Zahlung des Vorschusses nicht abhängig gemacht

---

[1]) G.-K.-G. § 85.

[2]) G.-K.-G. § 90.

werden. Eine Ausnahme kann nur bei Ladung von Zeugen und Sachverständigen und bei der Herstellung von Ausfertigungen und Abschriften, welche nicht von Amtswegen zu erfolgen hat (s. Nr. 44), stattfinden.[1])

38. Beispiel: Wenn die gerichtlichen Gebühren erster Instanz, für welche der Gebührenvorschuß 50 Mk. beträgt, sich insgesammt auf 120 Mark stellen, wovon Kläger 30 und Beklagter 90 Mark zu zahlen hat, so haftet Kläger wegen 30 Mark aus der Vorschuß- und Kostenpflicht und wegen 20 Mark nur aus der Vorschußpflicht. Bezüglich des letzteren Betrags ist neben dem Kläger auch der Beklagte in Folge der Kostenpflicht Schuldner der Kasse, wegen der übrigen 90—20 = 70 Mark ist Beklagter alleiniger Schuldner. Ist der Vorschuß berichtigt, so wird dadurch also Beklagter im Betrage von 20 Mark von der Zahlungspflicht befreit und in gleicher Höhe steht dann gegen ihn dem Kläger ein Erstattungsanspruch zu. Zahlt der Beklagte seine Kostenrate mit 90 Mark, so hat Kläger auch nur die auf ihn entfallenden Kosten mit 30 Mk. zu entrichten.

Werden durch späteres Urtheil die Kosten jedem Theil zur Hälfte auferlegt, so kommen dann auf Kläger und Beklagten je 60 Mark.

39. Befreit von Zahlung eines Kostenvorschusses sind die auf Grund des Krankenversicherungsgesetzes vom 15. Juni 1883 Versicherten in Streitigkeiten über Unterstützungsansprüche.

Bezüglich der armen und gebührenfreien Partei s. Nr. 48. Wegen Beschwerde über Vorschüsse 2c. s. Nr. 80.

40. Ein Anspruch auf prozessualische Sicherheit für die Prozeßkosten zwischen den Parteien ist nur dem Beklagten gewährt und zwar (unter gleichen Umständen wie bei Nr. 33) in dem Falle, daß der Kläger ein Ausländer (Nichtdeutscher) ist. Die Höhe der Sicherheit wird vom Richter festgesetzt.[2])

---

[1]) G.-K.-G. §§ 3, 97.

[2]) C.-P.-O. §§ 102 fg.

VI. Wann werden die Gerichtskosten fällig und einziehbar?

41. Die Gebühren und Auslagen der Gerichte werden fällig und können also zur Einziehung gelangen, sobald das Verfahren oder die betreffende Instanz (im Sinne von Abschnitt XIV) durch unbedingte also nicht auf einen Eid erkennende Entscheidung über die Kosten, durch Vergleich oder anderweite Erledigung (z. B. Zurückverweisung des Prozesses in die Vorinstanz unter Vorbehalt der Festsetzung des Kostenpunktes) beendigt wird und zwar tritt die Fälligkeit nicht erst bei der Rechtskraft der Entscheidung ein.[1]) Im Mahnverfahren können die Gerichtskosten unmittelbar nach Erlaß des Zahlungs- bezw. Vollstreckungsbefehls, ebenso im Kostenfestsetzungsverfahren nach Erlaß des Festsetzungsbeschlusses erhoben werden; desgleichen die sog. Strafgebühr (Nr. 18) sofort nach dem Beschlusse.[2])

42. Schon vor der Beendigung der Instanz werden ferner mit dem Ablaufe je eines Jahres seit Bestimmung des ersten Termins oder Stellung des ersten Antrags die bis dahin entstandenen Gebühren und Auslagen fällig und kommen dann also (in der Regel gemäß Nr. 27 von dem Kläger bezw. Antragsteller) zur Einziehung. Die einjährigen Fristen können auf Antrag von dem Gerichte verlängert werden. Der Ablauf der Fristen begründet aber nicht die Zurückforderung eines nicht verbrauchten Vorschusses.[3])

43. In den Fällen einer Widerklage oder wechselseitig eingelegter Rechtsmittel kann jede Partei, wenn sie das von ihr beantragte Verfahren zurücknimmt, die getrennte Berechnung der Gebühren und Auslagen für dasselbe und die Zurückzahlung des von ihr gezahlten, nicht verbrauchten Vorschusses fordern.[4])

---

[1]) G.-K.-G. § 93.
[2]) G.-K.-G. § 95 Nr. 3.
[3]) G.-K.-G. § 95 Nr. 1.
[4]) G.-K.-G. § 95 Nr. 2.

44. Die Schreibgebühr für Abschriften und Ausfertigungen, welche nicht von Amtswegen, sondern nur auf Antrag zu ertheilen sind, wird sofort nach Anfertigung der Schriftstücke fällig. Die Anfertigung kann von vorgängiger Zahlung eines die Gebühr deckenden Betrags abhängig gemacht werden.[1])

45. Eine Nachforderung von Gerichtskosten wegen irrigen Ansatzes ist nur zulässig, wenn der berichtigte Ansatz vor Ablauf des nächsten Kalenderjahres nach rechtskräftiger oder endgültiger Erledigung des Verfahrens dem Zahlungspflichtigen eröffnet ist.[2])

46. Die Verjährung der Gerichtskosten bestimmt sich im Uebrigen nach landesrechtlichen Vorschriften. In Preußen tritt sie erst mit Ablauf von 4 Jahren ein, beginnend mit dem letzten Dezember des Jahres, in welchem der Prozeß durch rechtskräftiges Urtheil, Entsagung oder Vergleich beendigt ist.[3])

47. Die Art der Einziehung der Gerichtskosten ist nicht einheitlich für das Reich, sondern in jedem Bundesstaat für sich geregelt. Die Behörden haben sich zum Zwecke der Einziehung gegenseitig Beistand zu leisten.[4])

Im Konkurse genießen die Gerichtskosten kein Vorrecht.

VII. Welchen Einfluß haben Armenrecht und Gebührenfreiheit auf die Berichtigung der Gerichtskosten?

Armenrecht.

48. Die Bewilligung des Armenrechts an den Kläger, den Berufungs- und Revisionskläger (s. Nr. 10) befreit diese auch von der Vorschußpflicht. Sie hat zugleich für den Gegner die einstweilige Befreiung von den Gerichts-

[1]) G.-K.-G. § 97.
[2]) G.-K.-G. § 5.
[3]) Ges. v. 31. März 1838.
[4]) G.-K.-G. § 99.

kosten und Vorschüssen (also auch bei Erhebung einer Widerklage) zur Folge.[1])

Durch die Bewilligung des Armenrechts an den Beklagten oder Berufungs-Revisionsbeklagten erlangt aber der Gegner keine Befreiung von der Berichtigung der Kosten. Es kann also auch gegen ihn dann Nr. 42 in Kraft treten.

49. Die Gerichtskosten, von deren Berichtigung die arme Partei einstweilen befreit ist, können von dem in die Prozeßkosten verurtheilten Gegner eingezogen werden. Auch die Gerichtskosten, von deren Berichtigung der Gegner der armen Partei einstweilen befreit ist, werden von diesem eingezogen, soweit er in die Prozeßkosten rechtskräftig verurtheilt oder der Rechtsstreit ohne Urtheil über die Kosten beendigt ist.[2])

50. Dementsprechend kann in dem Falle, daß dem mit dem Armenrecht versehenen Beklagten die Kosten auferlegt sind, der Kläger nicht die Zurückzahlung eines von ihm bereits entrichteten Vorschusses aus der Staatskasse, vielmehr nur dessen Erstattung von dem Beklagten verlangen (s. Nr. 35).

51. Von der Partei, welcher das Armenrecht bewilligt ist, dürfen die einstweilen außer Ansatz gebliebenen Beträge nur auf Grund einer gerichtlichen Entscheidung eingezogen werden, durch welche das Armenrecht entzogen oder die Verpflichtung zur Nachzahlung jener Beträge ausgesprochen ist.[3])

52. Hat nach Uebereinkunft zwischen den Parteien diejenige, welcher das Armenrecht bewilligt ist, die Kosten übernommen, so ist die Inanspruchnahme des Gegners durch die Staatskasse wegen der Hälfte der Gesammtkosten (s. Nr. 26) nicht von der vorausgehenden Zwangsvollstreckung gegen die arme Partei abhängig. Hatte schon

---

[1]) C.-P.-O. § 111.

[2]) C.-P.-O. § 114.

[3]) C.-P.-O. §§ 116, 117.

durch gerichtliche Entscheidung eine Kostenvertheilung stattgefunden, so wird auch diese für die Staatskasse maßgebend sein.

53. Soweit der Gegner der armen Partei in die Prozeßkosten rechtskräftig verurtheilt ist, können von ihm ferner auch die für die arme Partei bestellten Rechtsanwälte und Gerichtsvollzieher ihre Gebühren und Auslagen beitreiben.[1])

Gebührenfreiheit.

54. Von Zahlung der Gerichtsgebühren (nicht auch der Auslagen) sind befreit in dem Verfahren:

vor dem Reichsgericht: das Reich, die Bundesstaaten, sowie im Allgemeinen die öffentlichen Anstalten (Volksschulen, Kirchen, für Wohlthätigkeit u. a.)[2]);

vor den Landesgerichten: das Reich, sowie die in den einzelnen Bundesstaaten ausgenommenen Rechtssachen und Personen.

Soweit demjenigen, welchem die Gebührenfreiheit zusteht, Kosten des Verfahrens auferlegt werden, sind Gebühren überhaupt nicht zu erheben und erhobene (auch Gebührenvorschüsse der Gegenpartei und von dieser berichtigte Gebühren des Mahnverfahrens) zurückzuzahlen.[3])

Im Uebrigen kommt auch hier das bezüglich der armen Partei Ausgeführte im Allgemeinen zur Anwendung.

VIII. Ueber Einforderung und Berichtigung der Anwaltskosten.

55. Die Rechtsanwälte können jederzeit, wenn sie es für nöthig halten, von ihren Auftraggebern angemessenen

---

[1]) C.-P.-O. § 115.

[2]) Allerh. Verordnung betr. die Gebührenfreiheit in dem Verfahren vor dem Reichsgericht vom 24. Dezbr. 1883 (R.-G.-Bl. 1884, S. 1).

[3]) G.-K.-G. § 98.

Vorschuß fordern [1]); dem einer armen Partei beigeordneten Anwalt steht diese Befugniß aber nicht zu.

56. Die von dem Auftraggeber seinem Anwalt zu zahlenden Gebühren werden fällig, sobald über die Kostenpflicht eine Entscheidung (wenn auch nur bedingte, nicht rechtskräftige) ergangen ist, sowie bei Beendigung der Instanz oder bei Erledigung des Auftrags [2]) (s. Nr. 114, 120—122).

57. Die Einforderung der Gebühren und Auslagen ist nur zulässig, wenn vorher oder gleichzeitig eine von dem Rechtsanwalt unterschriebene Berechnung derselben mit Angabe des Werthes des Streitgegenstandes, sofern der Werth maßgebend, und unter Bezeichnung der zur Anwendung kommenden Bestimmungen der Gebührenordnung mitgetheilt wird.

Die Mittheilung dieser Berechnung kann auch nach erfolgter Zahlung verlangt werden, so lange nicht die Handakten zurückgenommen sind oder die Verpflichtung des Rechtsanwalts zur Aufbewahrung derselben erloschen ist, also bis spätestens 5 Jahre nach Erledigung des Auftrags.[3])

Ebenso kann der Auftraggeber auch dann eine Berechnung der gesetzlichen Vergütung verlangen, wenn die Vergütung durch Vertrag vereinbart ist.[4])

58. Für Anfertigung und Uebersendung von Rechnungen über Gebühren und Auslagen und für Zahlungsaufforderungen wegen derselben kann der Rechtsanwalt eine Gebühr aber nicht beanspruchen.[5])

59. Eine gerichtliche Prüfung oder Festsetzung findet nicht statt. Zahlt die Partei auf ergangene Aufforderung nicht gutwillig, so bleibt dem Anwalt nur der Weg der Einklagung.

---

1) A. G.-O. § 84.

2) A. G.-O. § 85.

3) A. G.-O. § 86.

4) A. G.-O. § 93 Abs. 3.

5) A. G.-O. § 6.

60. Andererseits kann sich der Auftraggeber wegen unvollständiger Rechnungsaufstellung wie auch wegen ungerechtfertigter Forderungen bei dem Vorstande der Anwaltskammer des betreffenden Bezirks beschweren.

An eine Vereinbarung wegen der Vergütung ist der Auftraggeber nur dann gebunden, wenn der Vertrag schriftlich abgeschlossen worden ist, was zuweilen in den Vollmachten geschieht.

Hat der Rechtsanwalt durch den Vertragsschluß die Grenze der Mäßigung überschritten, so kann die durch Vertrag festgesetzte, noch nicht bezahlte Vergütung im Prozeßwege, nach eingeholtem Gutachten des Vorstandes der Anwaltskammer bis auf den gesetzlich bestimmten Betrag herabgesetzt werden.[1])

61. Für die Ausführung eines Auftrags, dessen gemeinschaftliche Erledigung mehreren Rechtsanwälten übertragen ist, steht jedem derselben die volle Vergütung zu.[2])

62. Bei Ausführung von Aufträgen mehrerer Auftraggeber durch dieselbe Thätigkeit haftet jeder Auftraggeber dem Rechtsanwalte für denjenigen Betrag an Gebühren und Auslagen, welcher bei abgesonderter Ausführung seines Auftrags erwachsen sein würde. Die Mitverhaftung der anderen Auftraggeber kann dem Rechtsanwalte gegenüber nicht geltend gemacht werden.[3])

63. Bei Verhinderungen kann der Anwalt seine Gebühren und Reisekosten nur dann verlangen, wenn er von einem andern Rechtsanwalt oder einem Rechtskundigen, welcher ihm von der Landesjustizverwaltung als Stellvertreter zugewiesen ist, vertreten wird.

IX. Ueber die Kostenerstattung.

Erstattungspflicht.

64. Die Partei, welcher laut endgültiger Entscheidung

---

[1]) A. G.-O. § 93.
[2]) A. G.-O. § 2.
[3]) A. G.-O. § 3.

die Kosten des Rechtsstreits ganz oder theilweise zur Last fallen, hat dementsprechend auch die dem Gegner erwachsenen Kosten zu erstatten, soweit solche nach freiem Ermessen des Gerichts zur zweckentsprechenden Rechtsverfolgung oder Rechtsvertheidigung nothwendig waren [1]); Gerichtskosten jedenfalls erst dann, wenn sie berichtigt worden sind.

Besteht der kostenpflichtige Theil aus mehreren Personen, so haften dieselben für die Kostenerstattung nach Kopftheilen, sofern die Entscheidung oder das bürgerliche Recht nicht Anderes bestimmen.[2])

Kosten des Rechtsstreits.

65. Zu den Kosten des Rechtsstreits (s. Nr. 1) gehören auch alle für die Zwecke sachgemäßer Prozeßführung thatsächlich gemachten Aufwendungen, z. B. die zum Zwecke der Information des Prozeßbevollmächtigten aufgewendeten Kosten für Briefwechsel, Reisen, Vermittelung durch andere Personen, die Auslagen für Beschaffung von Beweismitteln und Legitimationen (Erbbescheinigungen, Testamentsabschriften u. dergl.), für Reisen der Parteien zu gerichtlichen Terminen, für Gutachten zur Aufklärung des Sachverhalts bezw. zur Widerlegung eines gegnerischen Gutachtens, Kostenvorschüsse, Zustellungskosten, Porti, Vergütung für Beistand von Laienvertretern (Rechtskonsulenten) in amtsgerichtlichen Sachen, auch Kosten der Einstellung der Zwangsvollstreckung bei Prozessen, welche den gepfändeten Gegenstand betreffen u. a. m. — Alle diese Auslagen sind erstattbar, sofern der mindestkostspielige Weg gewählt worden ist. —

Ebenso gehören dazu: Die Kosten eines vorgängigen Mahnverfahrens bei rechtzeitigem Widerspruch, die eines vorgängigen Sühnetermins im amtsgerichtlichen Verfahren vor Erhebung der Klage, die einer im Prozesse benutzten Sicherung des Beweises, die einer Streitverkündung, sowie

[1]) C.-P.-O. § 87 Abs. 1.

[2]) C.-P.-O. § 95.

die Kosten vom Rechtsstreit betroffener Arreste und einstweiliger Verfügungen.

Dagegen gehören nicht zu den Kosten des Rechtsstreits: Die Kosten für Schaffung und Klarstellung der materiellen Grundlagen des einzuleitenden Verfahrens, z. B. für dem Prozesse vorangegangene Kündigungsschreiben, Mahnbriefe und Vorverhandlungen mit anderen Behörden, für Vergleichsverhandlungen zur Vermeidung des Prozesses, Gutachten zur Vorbereitung der Entschließung zur Prozeßführung. Ebensowenig sind Schadensersatzansprüche (z. B. für persönliche Versäumnisse der Partei) miteinbegriffen; dieselben können nur mittels besonderer Klage geltend gemacht werden. Auch gehören nicht dazu die Kosten für die Erfüllung der geltend gemachten Forderung, z. B. für Erhebung und Ablieferung der vom Schuldner an den Anwalt des Gegners geleisteten Zahlungen.

Die durch Säumniß, Verschulden u. dgl. entstandenen besonderen Kosten (s. Nr. 17, 18, 19) können selbstredend nie als nothwendige gelten und demgemäß auch nicht erstattet verlangt werden.

Die Kosten der Zwangsvollstreckung gehören nicht zu den Kosten des Rechtsstreits[1]) und fallen, soweit sie nothwendig waren, stets dem Schuldner zur Last.[2])

Anwaltskosten.

66. Die tarifmäßigen Gebühren und Auslagen des Rechtsanwalts der obsiegenden Partei — aber nicht auch die darüber hinaus vertragsmäßig vereinbarten — sind in allen Prozessen, also auch den amtsgerichtlichen, zu erstatten, Reisekosten eines auswärtigen, d. h. nicht am Sitze des

---

[1]) Gleichwohl wird unter Umständen, z. B. wenn der Betrag in der Zwangsvollstreckung nicht beigetrieben wird, eine Festsetzung der Kosten der Zwangsvollstreckung nicht unzulässig sein.

[2]) C.-P.-O. § 697.

Prozeßgerichts wohnhaften Rechtsanwalts jedoch nur insoweit, als die Zuziehung nach dem Ermessen des Gerichts zur zweckentsprechenden Rechtsverfolgung und Rechtsvertheidigung nothwendig war.[1])

67. Die Mehrkosten, welche bei der Vertretung einer Partei vor einem Kollegialgerichte durch einen bei demselben zugelassenen Rechtsanwalt dadurch entstehen, daß der letztere seinen Wohnsitz nicht am Orte des Gerichts hat,[2]) und ebenso die Mehrkosten, welche aus gleichem Grunde bei der Vertretung einer armen Partei durch den ihr beigeordneten Rechtsanwalt entstehen, braucht die Gegenpartei nicht zu erstatten.[3])

68. Die Kosten mehrerer Rechtsanwälte (z. B. auch bei Substitution zur Wahrnehmung auswärtiger Termine) sind nur soweit zu erstatten, als sie die Kosten (einschl. Reisekosten) eines Rechtsanwalts nicht übersteigen oder als in der Person des Rechtsanwalts ein Wechsel eintreten mußte,[4]) z. B. in Folge Todes, unverschuldeter Kündigung des Mandats, Verweisung der Sache vom Amtsgericht an das Landgericht oder umgekehrt.

69. Sind mehrere Streitgenossen und Nebenintervenienten durch verschiedene Anwälte vertreten, so kann jeder die Kosten seines Rechtsanwalts erstattet verlangen, bei Nebenintervenienten nur soweit das Urtheil über die Kosten befunden hat.

70. Ist aber die Gegenpartei nur einem von mehreren, durch einen Anwalt gemeinschaftlich vertretenen Auftraggebern zur Kostenerstattung verpflichtet, so braucht sie nur den entsprechenden Bruchtheil der Anwaltskosten (bei Dreien also nur $1/3$) zu erstatten.

71. Auch die Kosten für die unvermeidliche Vermittelung des Verkehrs des Auftraggebers mit seinem

---

[1]) C.-P.-O. § 87 Abs. 2, A.-G.-O. § 94. Eine Prüfung der Ansätze im Einzelnen ist aber nicht ausgeschlossen, s. z. B. Nr. 63, 71.

[2]) R.-A.-O. § 18 Abs. 5. [3]) R.-A.-O. § 37. [4]) C.-P.-O. § 87 Absatz 2.

bevollmächtigten Anwalt durch einen anderen Rechtsanwalt (sg. Korrespondenzmandatar) sind erstattungsfähig, soweit nach den Umständen die Partei nicht im Stande erscheint, dem Anwalt die erforderliche Information brieflich zu ertheilen und eine Reise zum Anwalt höhere Kosten verursacht haben würde.

72. Bei dem Betrieb eigener Angelegenheiten kann der Rechtsanwalt von dem zur Erstattung der Kosten des Verfahrens verpflichteten Gegner Gebühren und Auslagen bis zu dem Betrage fordern, in welchem er Gebühren und Auslagen eines bevollmächtigten Rechtsanwalts erstattet verlangen könnte[1]) — nicht aber die zu 71.

Bezüglich des Armenanwalts s. Nr. 53.

Voraussetzung des Erstattungsanspruchs.

73. Der Anspruch auf Erstattung der Prozeßkosten kann nur auf Grund eines zur Zwangsvollstreckung geeigneten Titels geltend gemacht werden,[2]) also namentlich dann, wenn ein bereits rechtskräftiges oder wenigstens für vorläufig vollstreckbar erklärtes, verkündetes Endurtheil,[3]) ein gerichtlicher Vergleich, ein vollstreckbarer Schiedsspruch oder eine nur durch Beschwerde anfechtbare Entscheidung[4]) u. a. vorhanden ist.

Die Rechtskraft eines Endurtheils erster Instanz tritt erst bei fruchtlosem Ablauf der Berufungsfrist von einem Monat vom Tage der Zustellung des Urtheils ab,[5]) die eines Versäumnißurtheils nach fruchtlosem Ablauf der Einspruchsfrist von 14 Tagen ein. Die Rechtskraft ist nachzuweisen eventl. durch Beibringung eines Zeugnisses der Gerichtsschreiberei des Berufungsgerichts oder Reichsgerichts.[6])

Festsetzungsverfahren.

74. Für die Festsetzung der zwischen den Parteien zu

---

[1]) A.-G.-O. § 7. [2]) C.-P.-O. § 98. [3]) C.-P.-O. § 644.
[4]) C.-P.-O. § 702, 868. [5]) C.-P.-O. § 645. [6]) C.-P.-O. § 646.

erstattenden Kosten aller Instanzen ist das Gericht,[1]) welches in erster Instanz erkannt hat, zuständig. Das Festsetzungsgesuch ist schriftlich einzureichen oder zum Protokoll des Gerichtsschreibers zu erklären; das nach Formular 6 zu fertigende Gesuch unterliegt auch beim Landgericht nicht dem Anwaltszwang, kann also von der Partei selbst unterschrieben werden. Demselben sind beizufügen: die Kostenberechnung, eine Abschrift davon behufs Mittheilung an den Gegner (eventl. wird vom Gericht eine Abschrift auf Kosten des Antragstellers hergestellt), sowie die zur Rechtfertigung der einzelnen Ansätze dienenden Belege[2]) — diese nur in einem Exemplar ohne Abschrift. Die thatsächlichen Grundlagen der einzelnen Ansätze sind glaubhaft zu machen, z. B. bei Reisen, Portoauslagen u. dgl. durch Bezugnahme auf den Inhalt der Akten, Beibringung von Attesten, der Briefcouverts u. a. m.[3])

Formular 6.

Festsetzungsgesuch
in Sachen Koch wider Braun
B. 235/91.

Durch das rechtskräftige Endurtheil vom 25. Mai d. Js. sind dem Beklagten die Kosten des Verfahrens auferlegt worden.

An Kosten sind mir entstanden:

1.	Kostenvorschuß des Gerichts . . .	11,—	Mark.
2.	Dgl. behufs Zeugenvernehmung . .	20,—	„
3.	Gebühren und Auslagen des Gerichtsvollziehers Rasch, einschließlich Nachnahmegebühr	2,80	„
4.	Gebühren und Auslagen des Rechtsanwalts Müller in Halberstadt . .	18,50	„
5.	Portoauslagen für dieses Gesuch 3 Schreiben an Braun 2 „ an Müller . .	—,70	„
	Sa.	53,—	Mark.

[1]) Will der Gegner vermeiden, daß das Gericht überhaupt angegangen wird, wodurch natürlich wiederum Kosten entstehen, so muß er zeitig seine Bereitwilligkeit zu außergerichtlicher Regelung des Kostenpunktes und eventl. Zahlung zu erkennen geben.

[2]) C.-P.-O. § 98. [3]) C.-P.-O. § 99.

Zur Rechtfertigung der Ansätze überreiche ich anliegende 8 Belege und die Anwaltsakten mit dem Antrage:

die mir vom Beklagten zu erstattenden Kosten auf 53 Mark festzusetzen; dem Festsetzungsbeschluß auch zugleich die Vollstreckungsklausel beizufügen.

Abschrift dieses Gesuchs ist beizulegen.

Abschrift liegt bei.

Leipzig, den 12. Juli 1890.

Koch, Maurermeister.

An
das Königl. Amtsgericht
in Halberstadt.

Beschwerde ähnlich wie Formular 3 bei Nr. 10.

75. Die Kostenfestsetzung erfolgt in der Regel durch einen Festsetzungsbeschluß, welcher von Amtswegen den Parteien zugestellt wird.[1]) Gegen denselben findet sofortige Beschwerde statt, welche binnen 14 Tagen seit der Zustellung entweder bei dem festsetzenden Gericht oder dem nächst höheren Gericht anzubringen. Ist der Festsetzungsbeschluß vom Amtsgericht erlassen, so besteht für die Beschwerde, sofern sie auch beim Amtsgericht eingereicht wird, kein Anwaltszwang; dieselbe kann also in diesem Falle von der Partei selbst unterschrieben werden.[2]) (S. Formular 3.)

Auch wegen Ablehnung des Erlasses eines Festsetzungsbeschlusses steht in gleicher Weise die Beschwerde frei; dieselbe ist aber dann an keine Frist gebunden und zunächst dem verfügenden Gerichte einzureichen.

Nach der Rechtskraft des Kostenfestsetzungsbeschlusses findet eine weitere Festsetzung von solchen Kosten, welche im ersten Verfahren geltend gemacht werden konnten, nicht statt.

76. Sind die Prozeßkosten ganz oder theilweise nach Quoten (d. h. nach Bruchtheilen, z. B. $^3/_4$ und $^1/_4$, $^5/_8$ und $^3/_8$) vertheilt (nicht aber in dem Falle, wenn der einen Partei nur ein dem Betrage nach genau bestimmter Theil der Kosten auferlegt ist), so hat die Partei den Gegner vor Anbringung des Festsetzungsgesuchs in einem durch

[1]) C.-P.-O. § 99. [2]) C.-P.-O. § 540.

den Gerichtsvollzieher zuzustellenden, dem Anwaltszwange nicht unterworfenen Schreiben (Formular 7) aufzufordern, die Berechnung seiner Kosten binnen der Frist von einer Woche bei dem Gericht einzureichen. Das Festsetzungsgesuch wird dann mit entsprechender Bemerkung unter Beifügung der Zustellungsurkunde dem Gericht übersandt.[1]) Kommt der Gegner binnen dieser Frist der Aufforderung nicht nach, so haftet er für die Mehrkosten, welche durch das von ihm etwa veranlaßte, nachträgliche Verfahren entstehen.

Formular 7.

München, den 2. Juli 1890.

Herrn Fabrikanten E. Müller,
hierselbst.

Nach dem rechtskräftigen Urtheil des hiesigen Oberlandesgerichts vom 25. April d. Js. fallen Ihnen $^4/_5$ und mir $^1/_5$ der Kosten des zwischen uns geführten Prozesses zur Last.

Ist beizulegen. Indem ich Ihnen anliegend eine Zusammenstellung der mir erwachsenen Kosten übersende, ersuche ich Sie auf Grund des § 100 der Civilprozeßordnung, die Berechnung Ihrer Kosten binnen der gesetzlich vorgeschriebenen Frist von einer Woche bei dem hiesigen Landgericht einzureichen, sofern Sie nicht etwa behufs Ersparung der Kosten des gerichtlichen Festsetzungsverfahrens es vorziehen wollen, Ihre Kostenrechnung zur außergerichtlichen Begleichung mir unmittelbar zugehen zu lassen. Ich würde zu einer privaten Abrechnung bereit sein und der Zusendung innerhalb der vorbezeichneten Frist entgegensehen.

Achtungsvoll

A. Reich.

Beitreibung der Kosten.

77. Die festgestellten Kosten können nunmehr, wie jede andere Forderung, im Wege der Zwangsvollstreckung beigetrieben werden, sei es durch Pfändung in körperliche Sachen, in Forderungen oder in andere

[1]) C.-P.-O. § 100.

Vermögensstücke, sei es durch Zwangsvollstreckung in ein Grundstück (Subhastation).[1])

Zunächst muß beim Gericht die Ertheilung der Vollstreckungsklausel zum Festsetzungsbeschluß nachgesucht werden, sofern dies nicht schon gleichzeitig mit dem Antrage auf Festsetzung der Kosten geschehen war.

Die dem Schuldner zur Last fallenden Kosten der Zwangsvollstreckung sind immer zugleich mit dem zur Zwangsvollstreckung stehenden Anspruche beizutreiben.[2])

---

[1]) C.-P.-O. §§ 662 ff., 702. [2]) C.-P.-O. § 697.

Zweiter Theil.

Berechnung der Gerichts- und Anwaltskosten.

X. Vergütung der Thätigkeit der Gerichte und Rechtsanwälte durch Bauschgebühren.

78. Während für die gerichtliche Thätigkeit Gebühren nur innerhalb der vom Gerichtskostengesetz gezogenen Schranken erhoben werden dürfen, kann der Rechtsanwalt Vergütung für jede ihm aus einem Rechtsstreit zufallende Thätigkeit jedweder Art verlangen.

Die Vergütung der gerichtlichen und anwaltlichen Thätigkeit erfolgt im Großen und Ganzen durch einzelne feste, den Hauptmomenten des Verfahrens bezw. der Thätigkeit angepaßte Gebühren, sogenannte Bauschgebühren. Sie schließen alle Einzelvergütungen ein, z. B. für Schreibmaterialien- und Siegelgelder, Aufrufungs-, Aufwarte-, Heftgebühren, Gebühren für einzelne Schreiben, Termine, Konferenzen, Rathsertheilungen, Aufsuchung von Akten, Beglaubigungen, Emballage u. dgl.

Ihre Höhe wird von dem Umfange der bezüglichen Thätigkeit, wie solcher sich durch die größere oder geringere Zahl der Angriffs- und Vertheidigungsmittel, der Termine, Schriftsätze u. a. erweitern oder verringern kann, nicht beeinflußt.

In welchen Fällen Gebührenfreiheit besteht, ergiebt sich aus Abschnitt VII bezw. dem Tarif.

79. Außer den Gebühren kann noch Ersatz der baaren Auslagen beansprucht werden (s. Abschnitt XVI und XX). Gebühren und Auslagen der Gerichte bilden zusammen den Begriff Gerichtskosten.

Eine Erhebung von Stempeln und anderen Abgaben neben den Gebühren findet nicht statt.

Urkunden (z. B. auch Vollmachten), von denen im Verfahren Gebrauch gemacht wird, sind nur insoweit einem Stempel oder einer anderen Abgabe unterworfen, als sie es auch ohne diesen Gebrauch sein würden.

Urkunden, welche im Verfahren errichtet werden, bleiben, soweit ihr Inhalt über den Gegenstand des Verfahrens hinausgeht, den allgemeinen Vorschriften über Erhebung von Stempeln und anderen Abgaben unterworfen.[1])

A. Gebühren und Auslagen der Gerichte.

XI. Wie sind Gerichtskostenrechnungen anzufechten?

80. Gegen den Ansatz von Gebühren und Auslagen der Gerichte (gleichviel ob es sich um die Höhe, die Nothwendigkeit, Gebührenfreiheit, Vorschußpflicht, Mithaftung anderer Personen oder auch um das zu Grunde zu legende Streitobjekt handelt) kann sich die als zahlungspflichtig bezeichnete Partei, wie auch die Staatskasse an das Gericht der betr. Instanz zunächst mit einer Erinnerung wenden, über welche dasselbe gebührenfrei zu entscheiden hat. Diese Entscheidung kann demnächst von dem Gericht, welches dieselbe getroffen hat, sowie von dem Gerichte der höheren Instanz (wenn die Sache im ordentlichen Instanzenzuge an dieses gelangt), auch ohne Antrag, von Amtswegen geändert werden (s. a. Nr. 93).

Gegen die Entscheidung ist die gewöhnliche Beschwerde bezw. weitere Beschwerde zulässig; das Beschwerdeverfahren ist gebührenpflichtig.

---

[1]) G.-K.-G. § 2, s. z. B. Noten zu Nr. 81c und zu 83a.

Die Einlegung von Erinnerungen oder Beschwerden kann in allen Fällen durch Erklärung zum Protokolle des Gerichtsschreibers oder schriftlich ohne Mitwirkung eines Anwalts erfolgen.[1])

Wegen Anfechtung der Gebühren und Auslagen der Rechtsanwälte s. Abschnitt VIII, der Gerichtsvollzieher s. Anhang II.

Formular 8.

Cottbus, den 20. Mai 1890.

Erinnerung gegen den Gerichtskostenansatz.

In Sachen Fischer wider Braun — Nr. B. 241/90 — sind mir unter anderen Kosten auch 50 Mark Verhandlungsgebühr abgefordert worden. Da der Prozeß bis auf einen Restgegenstand von 400 Mark schon vor dem Verhandlungstermin beigelegt war, so kann nur für eine kontradiktorische Verhandlung von einem Objekt von 400 Mk. die Verhandlungsgebühr, also mit 15 Mk., in Ansatz kommen.

Ferner sind die Schreibgebühren im Betrage von 80 Pf. für Zeugenladungen zu Unrecht liquidirt, da hier keine gebührenpflichtige Beweisanordnung zu Grunde liegt.

Ich bitte danach die Kostenrechnung abändern zu wollen.

Achtungsvoll

Braun, Klempnermeister.

An
das Königl. Landgericht
in Cottbus.

Gegen abweisende Entscheidung:
Beschwerde ähnlich wie bei Nr. 10 Formular 3.

XII. Arten der Gerichtsgebühren und deren Höhe.

Gebührenarten.

81. Die Gerichtsgebühren im Prozesse[2]) sind dreierlei Art:

---

[1]) G.-K.-G. § 4. [2]) Es handelt sich hier nur um Prozesse, welche vor den ordentlichen Gerichten, nämlich Amtsgerichten, Landgerichten,

a) Die Verhandlungsgebühr, welche erhoben wird, wenn eine kontradiktorische mündliche Verhandlung (gleichviel worüber) stattgefunden hat, d. h. eine solche Verhandlung, in welcher ausweislich des Sitzungsprotokolls beide Theile verhandelt haben und von beiden Parteien einander widersprechende Anträge — ganz abgesehen von der Begründung derselben — gestellt worden sind.[1])

b) Die Beweisgebühr, welche für eine Beweisanordnung, gleichviel zu welchem Zwecke oder worüber dieselbe ergangen ist, erhoben wird. Für die Beweisaufnahme selbst ist daneben nichts weiter zu zahlen. Hat andererseits aber die angeordnete Beweisaufnahme weder ganz noch theilweise stattgefunden, so wird die Beweisgebühr nur zur Hälfte erhoben; diese Ermäßigung tritt aber nicht ein, wenn einer Partei durch Beweisbeschluß ein Eid auferlegt ist, der Schwurpflichtige jedoch in dem zur Eidesleistung bestimmten Termine nicht erscheint oder die Leistung des Eides verweigert.

Findet eine Beweisaufnahme ohne eine darauf gerichtete Anordnung des Gerichts statt, z. B. bei Vorlegung von Urkunden, Einsichtnahme von Akten im Termine, so kommt also keine Beweisgebühr zum Ansatz.[2])

---

deren Kammern für Handelssachen, Oberlandesgerichten, dem Reichsgericht oder dem Obersten Landesgericht in München verhandelt werden. G.-K.-G. § 1.

Für die im Verwaltungsstreitverfahren vor Verwaltungsgerichten oder die vor besonderen Gerichten (z. B. Gewerbegerichten) stattfindenden Prozesse sind in den einzelnen Bundesstaaten besondere Kostenvorschriften erlassen.

[1]) G.-K.-G. §§ 18, 19. Nur in Ehesachen und in den vor die Landgerichte gehörigen Entmündigungssachen (s. a. Note zu 105 b) wird ausnahmsweise, sofern nur der Kläger verhandelt, immer eine Verhandlungsgebühr erhoben; ebenso für die Verhandlung im vorbereitenden Verfahren vor einem beauftragten Richter, in Prozessen, welche die Richtigkeit einer Rechnung, eine Vermögensauseinandersetzung oder ähnliche Verhältnisse zum Gegenstande haben. G.-K.-G. § 20. [2]) G.-K.-G. §§ 18, 22.

Das Letztere trifft nach Nr. 86 unter Umständen auch in der Berufungsinstanz zu.

c) Die Entscheidungsgebühr, welche für jede andere Entscheidung, mag sie zur Sache ergehen oder nur prozessuale Bedeutung haben, erhoben wird, auch wenn die Entscheidung demnächst in höherer Instanz aufgehoben wird. Unter „Entscheidung" ist jede mündlich oder schriftlich kundgegebene gerichtliche Entschließung, sei es Urtheil, Beschluß oder Verfügung, zu verstehen. Diese Gebühr wird, wie unten näher erwähnt ist, auch für einen Vergleichsabschluß (allerdings dann nur zu einem Bruchtheil) erhoben.[1])

82. Der volle Normalbetrag einer jeden dieser 3 Gebühren ist der aus Tabelle III ersichtliche Einheitssatz.[2]) (S. Beispiel a, d hinter Nr. 90.)

Ermäßigungen bei Vergleich, Anerkenntniß, Verzicht.

83. Um die Beilegung von Streitigkeiten durch Vergleich, Anerkenntniß oder Verzicht zu begünstigen, sind für diese Fälle wesentliche Ermäßigungen, wie folgt, gewährt:

a) Für die auf Grund eines Anerkenntnisses oder Verzichts erlassene Entscheidung wird die Entscheidungsgebühr nur in Höhe von $^3/_{10}$ des Einheitssatzes erhoben. Die gleiche Gebühr kommt auch für die Aufnahme eines zur Beilegung des Rechtsstreits abgeschlossenen Vergleichs nur zum Ansatz; hat aber eine protokollarische Verlautbarung des Vergleichs bei Gericht nicht stattgehabt, so kann auch die Gebühr überhaupt nicht liquidirt werden.[3]) Zum

---

[1]) G.-K.-G. § 18. Neben der Entscheidungsgebühr kann gemäß den Landesgesetzen noch die Registrirungsgebühr für ein im Urtheil festgesetztes Rechtsverhältniß zur Erhebung kommen.

[2]) G.-K.-G. §§ 8, 18. [3]) G.-K.-G. § 23. Beträgt aber die Gebühr für die Aufnahme eines Vergleichs oder die auf Grund eines Anerkenntnisses oder Verzichts erlassene Entscheidung weniger als die Gebühr oder Abgabe, welche nach den Landesgesetzen für einen außer-

Wesen des Vergleichs gehört, daß durch gegenseitiges Nachgeben ein streitiges oder sonst zweifelhaftes Rechtsverhältniß zu einem unzweifelhaften gemacht wird. Ueber den Vergleichsabschluß beim Sühneverfahren s. dieses im Tarif.

b) Ebenso tritt eine Ermäßigung der Beweisgebühr auf die Hälfte des Einheitssatzes ein, soweit bezüglich des durch die Beweisanordnung betroffenen Gegenstandes ein zur Beilegung des Rechtsstreits abgeschlossener Vergleich aufgenommen oder auf Grund eines Anerkenntnisses oder Verzichts eine Entscheidung erlassen wird.[1])

c) Unter denselben Umständen fällt ferner die Erhebung einer Verhandlungsgebühr ganz hinweg, wenn es noch nicht zur Anordnung einer Beweisaufnahme oder zu einer anderen gebührenpflichtigen Entscheidung gekommen war.[2] (S. Beispiel e.)

Bedingtes Urtheil.

84. Eine Besonderheit bietet noch das bedingte Urtheil, d. h. ein Urtheil, durch welches auf die Leistung eines Eides erkannt wird. Ein solches gilt für die Gebührenerhebung zunächst als Beweisanordnung; das erledigende Urtheil, welches den Eintritt der festgesetzten Folgen der Leistung und Nichtleistung ausspricht, als Entscheidung.

Ist jedoch das bedingte Urtheil in der Instanz, in welcher es ergangen ist, bis zum Eintritt der Fälligkeit der Gebühren nicht erledigt, so wird für dasselbe die Entscheidungsgebühr erhoben, vorbehaltlich der Berichtigung des Gebührenansatzes für den Fall einer nachträglichen Erledigung des Urtheils in derselben Instanz.[3])

---

halb des Rechtsstreits abgeschlossenen Vergleich zur Staatskasse zu erheben sein würde, so ist der Mehrbetrag der letzteren neben der Entscheidungsgebühr zu erheben. G.-K.-G. § 101.

[1]) G.-K.-G. § 22. [2]) G.-K.-G. § 21. [3]) G.-K.-G. § 24.

Sonstige Abweichungen.

85. Der im allgemeinen maßgebende Einheitssatz ermäßigt sich nun für einige Prozeßarten, nämlich

a) auf $^6/_{10}$ für Urkunden- und Wechselprozesse[1]) (Tabelle VI, s. a. Beispiel f hinter Nr. 90),

b) auf $^5/_{10}$ für gewisse mit der Zwangsvollstreckung zusammenhängende Prozesse, in denen es sich handelt

   a. um die Ertheilung der Vollstreckungsklausel, sofern sie im Wege der Klage beantragt oder angefochten wird,

   b. um Einwendungen gegen die Zwangsvollstreckung, welche den durch das Urtheil festgestellten Anspruch selbst betreffen,

   c. um die Zulassung der Zwangsvollstreckung aus dem Urtheil eines ausländischen Gerichts oder aus einem Schiedsspruch,[2])

   sowie

c) für die Rechtsmittel gegen ein Versäumnißurtheil[3]) u. a.

Ueber diese, sowie alle sonstige Ermäßigungen und über den Ansatz in besonderen Verfahrensarten und Rechtssachen giebt der folgende Tarif Aufschluß.

Berufungs- und Revisions-Instanz.

86. In der Berufungsinstanz erhöhen sich alle Gebührensätze um ein Viertheil, in der Revisionsinstanz um die Hälfte.

Für eine Beweisanordnung sowie Beweisaufnahme in der Berufungsinstanz, welche nur auf Grund der in der ersten Instanz vorgebrachten Thatsachen und Beweismittel erfolgt, kommt eine Beweisgebühr aber nicht zur Erhebung, soweit eine solche rücksichtlich desselben Streitgegenstandes schon in der ersten Instanz zu erheben war.[4]) (S. Beispiel b, c und Tabelle IV, V.)

---

[1]) G.-K.-G. § 25. [2]) G.-K.-G. § 26 Nr. 8. [3]) G.-K.-G. § 26 Nr. 6. [4]) G.-K.-G. § 49.

Mindestbetrag.

87. Der Mindestbetrag einer Gebühr ist 20 Pfennig. Pfennigbeträge, welche ohne Bruch nicht durch 10 theilbar sind, werden auf den nächst höheren, durch 10 theilbaren Betrag abgerundet.[1])

XIII. Wie werden die Gerichtsgebühren berechnet?

88. Die Gebühren werden nach dem Werthe des Streitgegenstandes (Abschnitt XV) berechnet und angesetzt.[2])

89. Betrifft ein gebührenpflichtiger Akt (d. h. Verhandlung, Beweisanordnung oder Entscheidung) nur einen Theil des Streitgegenstandes, so wird dafür auch nur nach dem Werthe dieses Theils die Gebühr erhoben. (Siehe hierzu noch Nr. 96.)

Ist von einzelnen, verschiedenen Werthstheilen desselben Streitgegenstandes in derselben Instanz mehrfach die gleiche Gebühr zu berechnen, so darf nicht mehr erhoben werden, als wenn die Gebühr von dem Gesammtbetrage der fraglichen Werthstheile (der also nicht den Werth des ganzen Streitgegenstandes zu erreichen braucht) auf einmal zu berechnen wäre; treten für die mehrfachen gleichartigen Akte auch noch verschiedene Gebührensätze ein, so ist der höchste Satz maßgebend, so daß der Gesammtbetrag der Gebühr dann also nicht höher sein kann, als der Satz, welcher sich ergiebt, wenn für die Summe der Werthstheile die Gebühren nach der höheren Gebühr berechnet werden.[3]) (S. die hinter Nr. 90 angefügten Beispiele a, g.)

Hauptgrundsatz des Bauschgebührensystems.

90. Jede der vorbezeichneten 3 Gebührenarten, also die Verhandlungsgebühr, die Beweisgebühr und die Entscheidungsgebühr, darf nun aber in jeder Instanz (s. Abschnitt XIV) rücksichtlich eines jeden Theils des Streit-

---

[1]) G.-K.-G. § 7. [2]) G.-K.-G. § 8. [3]) G.-K.-G. § 12.

gegenstandes nur einmal erhoben werden, mag auch die Verhandlung in mehreren Terminen stattgefunden oder mögen auch mehrere Beweisanordnungen und mehrfache Entscheidungen (Endurtheil, Zwischenurtheil ꝛc.) über denselben Gegenstand ergangen sein.[1])

Sind also in der Instanz bezüglich desselben Gegenstandes mehrere mit der vollen Gebühr zu besteuernde Entscheidungen, ferner eine Entscheidung, wofür $^5/_{10}$, und eine Entscheidung, wofür $^3/_{10}$ der Normalgebühr anzusetzen wäre, ergangen, so kann doch nur die Entscheidungsgebühr einmal, und zwar mit dem höchsten Betrag, hier dem vollen Einheitssatz, zur Erhebung kommen.

Beispiele.

a. Wird ein Prozeß nach kontradiktorischer mündlicher Verhandlung und nach Beweisaufnahme durch Endurtheil erledigt, so kann — ohne Rücksicht auf den Umfang des Verfahrens, sowie auf die Zahl der Termine und Entscheidungen — nur die Verhandlungsgebühr, die Beweisgebühr und die Entscheidungsgebühr einmal angesetzt werden.

Die Gesammtgebühren würden somit betragen in erster Instanz bei einem Werth des Streitgegenstandes von 50 Mark
nach Tab. III Spalte 1 = 3 × 2,40 Mk. = 7,20 Mk.
bei einem Streitobjekt von 500 Mark
3 × 20 = 60 Mark
bei einem Streitobjekt von 5000 Mark
3 × 68 = 204 Mark.

Wäre bei letzterem Beispiel die für das ganze Streitobjekt ergangene Beweisanordnung nur hinsichtlich eines Gegenstandes von 1000 Mark zur Ausführung gekommen, so würde die Beweisgebühr statt 68 Mark betragen
von 1000 Mk. volle Gebühr (Tab. III Spalte 1) = 32
„ 4000 „ $^5/_{10}$ Gebühr (Tab. III Spalte 5) = 31
zusammen nur 63 Mk.

---

[1]) G.-K.-G. § 28.

Hätte umgekehrt Beweisaufnahme blos über 4000 Mk. stattgefunden, so würde sich die Beweisgebühr wie folgt berechnen:

von 4000 Mk. volle Gebühr (Tab. III, Spalte 1) = 62
von 1000 Mk. $^{5}/_{10}$ Gebühr (Tab. III, Spalte 5) = 16
= 78.

Da die volle Beweisgebühr von dem ganzen Streitgegenstand sich aber nur auf 68 Mark stellt, so könnte nur dieser geringere Betrag liquidirt werden.

b. In der Berufungsinstanz betragen die Gebühren, falls nach kontradiktorischer mündlicher Verhandlung und nach neuer Beweisaufnahme erkannt wird, bei einem Werth des Beschwerdegegenstandes

von	50 Mk.	nach Tab. IV, Spalte 1	= 3 × 3 =	9	Mk.
„	500 „	„ „ „ „ „	= 3 × 25 =	75	„
„	5000 „	„ „ „ „ „	= 3 × 85 =	255	„

c. Desgl. in der Revisionsinstanz — ohne Beweisanordnung — die Verhandlungs- und Entscheidungsgebühr

bei	50 Mk.	nach Tab. V, Spalte 1	= 2 × 3,60 =	7,20	Mk.
„	500 „	„ „ „ „ „	= 2 × 30 =	60	„
„	5000 „	„ „ „ „ „	= 2 × 102 =	204	„

d. Wird der Prozeß in erster Instanz ohne kontradiktorische mündliche Verhandlung durch Versäumnißurtheil beendigt, so kommt nur die Entscheidungsgebühr in Höhe des einfachen Satzes aus Beispiel a zum Ansatz, also

bei	50 Mark	nur	2,40	Mark
„	500 „	„	20,—	„
„	5000 „	„	68,—	„

Dementsprechend stellt sich die Gebühr in der II. und III. Instanz nach den erhöhten Sätzen.

e. Wird der Prozeß in erster Instanz durch gerichtlich verlautbarten Vergleich oder durch eine auf Grund eines Anerkenntnisses oder Verzichts erlassene Entscheidung beendigt, so wird, wenn es noch nicht zu einer Beweisanordnung oder sonstigen gebührenpflichtigen Entscheidung gekommen war, nur die Entscheidungsgebühr zu $^3/_{10}$, also bei einem Streitobjekt

von	50	Mk. nach Tab. III, Spalte 4	=	0,80 Mk.
„	500	„ „ „ „ „ „	=	6,— „
„	5000	„ „ „ „ „ „	=	20,40 „

erhoben.

War es nach kontradiktorischer Verhandlung bereits zu einer gebührenpflichtigen Entscheidung gekommen, so tritt obigen Gebühren die Verhandlungsgebühr in Höhe des einfachen Satzes aus Beispiel a hinzu, also

bei	50	Mark noch	2,40 Mark
„	500	„ „	20,— „
„	5000	„ „	68,— „

Hatte bereits Beweisanordnung und -Aufnahme stattgehabt, so kommt ferner die Beweisgebühr zu $^5/_{10}$ hinzu,

bei	50	Mark nach Tab. III Spalte 5 mit	1,20 Mark
„	500	„ „ „ „ „ „ „	10,— „
„	5000	„ „ „ „ „ „ „	34,— „

Es können danach zusammen höchstens liquidirt werden

bei	50	Mark	=	4,40 Mark
„	500	„	=	36,— „
„	5000	„	=	122,40 „

Bei den höheren Instanzen kommen die entsprechenden erhöhten Sätze aus Tab. IV, V zur Anwendung.

f. Für Urkunden- und Wechselprozesse ist Tab. VI maßgebend; es können danach im Falle zu a, b, c nur in Ansatz kommen:

in I. Instanz

bei	50	Mark	3 × 1,50	=	4,50	Mark
„	500	„	3 × 12,—	=	36,—	„
„	5000	„	3 × 40,80	=	122,40	„

in der Berufungsinstanz

bei	50	Mark	3 × 1,80	=	5,40	Mark
„	500	„	3 × 15,—	=	45,—	„
„	5000	„	3 × 51,—	=	153,—	„

in der Revisionsinstanz

bei	50 Mark	2 ×	2,20 =	4,40	Mark
„	500 „	2 ×	18,— =	36,—	„
„	5000 „	2 ×	61,20 =	122,40	„

g. In einem Prozesse über 4 verschiedene Forderungen a, b, c, d von je 250 Mark ist im Termin zunächst vom Kläger auf die Forderung zu a Verzicht geleistet und ein darauf bezügliches Theilurtheil ergangen, demnächst ist zu b, c, d kontradiktorisch verhandelt, zu b auch Beweis angeordnet und erhoben, alsdann vom Beklagten die Forderung zu b und c anerkannt und darauf das Endurtheil ergangen.

Hier werden folgende Gerichtsgebühren zu liquidiren sein:

Verhandlungsgebühr nur zu b und d, da zu a nicht kontradiktorisch verhandelt ist (Nr. 81a) und zu c der Fall der Nr. 83c vorliegt,

also von 250 + 250 = 500 Mk. voller Einheitssatz nach Tab. III, Spalte 1 = 20,— Mk.

(zweimal die Gebühr einzeln von 250 Mk. berechnet würde 11 + 11 = 22 Mk. also mehr ergeben);

Beweisgebühr nur zu b, und zwar gemäß Nr. 83b zur Hälfte des Einheitssatzes, also von 250 Mk. nach Tab. III, Spalte 5 = 5,50 Mk.

Entscheidungsgebühr zu a, b, c, d.

zuerst vom Theilurtheil zu a über 250 Mk. gemäß Nr. 83a $^{3}/_{10}$ des Einheitssatzes nach Tab. III, Spalte 4 = 3,30 Mk.

vom Endurtheil zu b und c desgl. von 500 Mk. = 6,— „

(einzeln berechnet, würde diese Gebühr 3,30 + 3,30 = 6,60 Mk., also mehr ausmachen).

= 9,30 Mk.

Die 3/10 Gebühr von 3 × 250 = 750 Mk.
würde aber nur . . . . 7,80 Mk.
ergeben, welche denn auch nur zum Ansatz kommen kann;
endlich zu d voller Einheitssatz von 250 Mk.
(Tab. III, Spalte 1) = 11,— „
Entscheidungsgebühr zusammen 18,80 Mk.

(Die Entscheidungsgebühr von dem Gesammtbetrag der Werthstheile = 1000 Mark würde sich, nach dem vollen Einheitssatz berechnet, auf 32 Mark stellen.)

XIV. Was bedeutet „Instanz".

91. Für die richtige Anwendung der vorstehenden Regeln ist die Klarstellung des Begriffs „Instanz" von größter Bedeutung.

Ein neuer Rechtsstreit beginnt für den Gebührenansatz regelmäßig mit der Zustellung einer Klageschrift, gleichviel ob die Klage einen neuen oder einen schon früher geltend gemachten Anspruch betrifft.

Instanz bedeutet einen gewissen Abschnitt eines solchen Rechtsstreits. Im Sinne der Civilprozeßordnung gilt als besondere Instanz: das Verfahren erster Instanz (Buch 2), die Berufungsinstanz, die Revisionsinstanz, die Beschwerdeinstanz (Buch 3), das Wiederaufnahme-Verfahren, das Verfahren in Ehesachen und in Entmündigungssachen (Buch 6), das Mahnverfahren, die Zwangsvollstreckung, sowie Arrest und einstweilige Verfügung (Buch 8), das Aufgebotsverfahren (Buch 9), das schiedsrichterliche Verfahren.

Eine neue Instanz beginnt also jedesmal, wenn ein Gericht höherer Ordnung mit dem Rechtsstreit — sei es auch nur zu einem Theil des Gegenstandes — befaßt wird. Dagegen tritt eine solche nicht schon dann ein, wenn ein anhängiger Rechtsstreit in Folge der Verweisung von einer Kammer an eine andere desselben Gerichts gelangt, oder wenn an Stelle des an sich zuständigen ein anderes Gericht bestimmt wird.

92. Für den Umfang der Instanz hat für den Gebührenansatz das Gerichtskostengesetz noch folgende Besonderheiten aufgestellt:

a) Verweist das Amtsgericht einen Rechtsstreit vor das Landgericht, weil durch Widerklage oder durch Erweiterung des Klageantrags ein Anspruch erhoben ist, welcher zur Zuständigkeit der Landgerichte gehört, oder die Feststellung eines Rechtsverhältnisses beantragt worden ist, für welches die Landgerichte zuständig sind, so bildet das weitere Verfahren vor dem Landgerichte mit dem Verfahren vor dem Amtsgerichte hier zusammen nur eine Instanz.[1])

b) Ebenso gilt, wenn der Einspruch gegen einen Vollstreckungsbefehl von dem Amtsgerichte für zulässig befunden und die Klage während der Rechtshängigkeit des Anspruchs bei dem Landgericht erhoben ist, das amtsgerichtliche Verfahren über die Zulässigkeit des Einspruchs zusammen mit dem darauffolgenden Verfahren vor dem Landgerichte nur als eine Instanz.[2])

c) Wird eine Sache zur anderweiten Verhandlung an das Gericht unterer Instanz zurückverwiesen, so bildet das weitere Verfahren mit dem früheren Verfahren vor diesem Gericht zusammen nur eine Instanz[3]); dies gilt aber nicht auch umgekehrt für die höhere Instanz, wenn die Sache durch Rechtsmitteleinlegung abermals dorthin gelangt.

d) Das Verfahren in Folge des Einspruchs gegen ein Versäumnißurtheil gilt hier nur soweit als neue Instanz, als der Einspruch verworfen, zurückgenommen oder nicht verhandelt wird. Gilt das Verfahren als Fortsetzung der Instanz, so wird durch die Gebühr für das Versäumnißurtheil hier ausnahmsweise eine andere Entscheidungsgebühr derselben Instanz nicht ausgeschlossen.[4])

e) Das ordentliche Verfahren, welches nach der Abstandnahme vom Urkunden- oder Wechselprozesse,

---

[1]) G.-K.-G. § 30 Abs. 1. [2]) G.-K.-G. § 30 Abs. 2. [3]) G.-K.-G. § 31. [4]) G.-K.-G. § 32.

sowie nach dem mit Vorbehalt in demselben erlassenen Urtheil anhängig bleibt, gilt für die Gebührenerhebung als besonderer Rechtsstreit.[1])

XV. Wie wird der Werth des Streitgegenstandes berechnet?[2])

Werthsangabe und Entscheidung.

93. Bei jedem Antrag ist der Werth des Streitgegenstandes, sofern derselbe nicht in einer bestimmten Geldsumme besteht oder aus früheren Anträgen erhellt, und auf Erfordern auch der Werth eines Theiles desselben schriftlich oder zum Protokolle des Gerichtsschreibers anzugeben. Die Angabe kann jederzeit berichtigt werden.[3])

Die zum Zwecke der Entscheidung über die Zuständigkeit des Prozeßgerichts oder die Zulässigkeit der Revision erfolgte Festsetzung des Werthes ist für die Berechnung der Gebühren maßgebend.[4])

Soweit eine solche Entscheidung nicht stattfindet, und nach der Natur des Streitgegenstandes oder durch den Antrag einer Partei die Festsetzung des Werthes erforderlich wird, hat dieselbe gebührenfrei durch Beschluß des Prozeßgerichts, bei der Zwangsvollstreckung, falls der Werth noch nicht festgesetzt ist, durch Beschluß des Vollstreckungsgerichts zu erfolgen. Die Festsetzung kann von dem Gerichte, welches dieselbe getroffen hat, sowie von dem Gerichte der höheren Instanz im Laufe des Verfahrens von Amtswegen geändert werden.

Gegen den Beschluß steht sowohl den Parteien, wie auch ihren Rechtsanwälten die Beschwerde gemäß Nr. 80 zu.[5])

Beschwerden der Prozeßparteien (nicht der Anwälte)

[1]) G.-K.-G. § 33. [2]) Eine ausführlichere Darstellung der betreffenden Vorschriften unter eingehender Berücksichtigung der Rechtsprechung enthalten die in der Note auf S. 1 erwähnten Kommentare.
[3]) G.-K.-G. § 14. [4]) G.-K.-G. § 15. [5]) G.-K.-G. § 16.

auf Erhöhung des Streitgegenstandes werden aber, als nicht in deren berechtigtem Interesse liegend, vom Reichsgericht in der Regel als unzulässig verworfen, soweit nicht ein solches Interesse ersichtlich gemacht ist.

Werthsberechnung und Streitgegenstand.

94. Was die Art und Weise der Werthsberechnung betrifft, so wird unter Benutzung der Werthsangaben der Parteien (welche aber nicht bindend sind) und unter Beachtung der nachfolgenden Regeln der Werth des Streitgegenstandes von dem Gericht[1]) nach freiem Ermessen festgesetzt.[2])

Als Streitgegenstand ist alles das anzusehen, was der Kläger nach den Klageanträgen vom Beklagten verlangt bezw. dessen prozessuale Regelung bezweckt wird. Für die Festsetzung des Werths ist nicht der Beweggrund, von welchem der Kläger bei Anstellung der Klage geleitet wird, nicht das Interesse, welches er durch dieselbe verfolgt, von maßgebender Bedeutung, sondern der Antrag im Zusammenhange mit dem den etwa zweifelhaften Sinn desselben aufklärenden Inhalte der Klage. Auf die wirthschaftliche Bedeutung, welche die Bejahung oder Verneinung des Klageanspruchs, die Befriedigung oder Nichtbefriedigung des Klägers für sein Vermögen hat, kommt es also nicht an. Der Streitgegenstand braucht sonach mit dem Interesse der Partei nicht identisch zu sein; für die Bestimmung

---

[1]) Dasselbe kann eine beantragte Beweisaufnahme, sowie von Amtswegen die Einnahme des Augenscheins und die Begutachtung durch Sachverständige anordnen. Wird eine Abschätzung durch Sachverständige erforderlich, so ist in dem Beschlusse, durch welchen der Werth festgesetzt wird, über die Kosten der Abschätzung zu entscheiden. Dieselben können ganz oder theilweise der Partei zur Last gelegt werden, welche durch Unterlassung der ihr obliegenden Werthsangabe oder durch unrichtige Werthsangabe, unbegründetes Bestreiten der Werthsangabe oder unbegründete Beschwerde die Abschätzung veranlaßt hat. G.-K.-G. §§ 16, 17. [2]) G.-K.-G. § 9, C.-P.-O. § 3.

des Werths wird allerdings in erster Linie derjenige Werth entscheidend sein, welchen das Streitobjekt für den Kläger (bezw. Berufungs-Revisionskläger) hat.

Bei Feststellungsklagen ist der eigentliche Streitpunkt immer nach Maßgabe der gesammten Sachlage zu ermitteln.

Der Beschwerdegegenstand bei Rechtsmitteln bemißt sich nur nach der Entscheidung und dem Interesse des das Rechtsmittel Einlegenden an der Abänderung des Urtheils.

Nicht vermögensrechtliche Ansprüche.

95. Bei nicht vermögensrechtlichen Ansprüchen (in Status-, Ehe-, Entmündigungs-, Standes- und Ehrenangelegenheiten) wird der Werth des Streitgegenstandes zu 2000 Mark, ausnahmsweise niedriger oder höher, jedoch nicht unter 200 Mark und nicht über 50 000 Mark angenommen.

Ist mit einem nicht vermögensrechtlichen Anspruch ein aus ihm hergeleiteter vermögensrechtlicher verbunden, so ist nur Ein Anspruch, und zwar der höhere maßgebend.[1])

Zeitpunkt und Nebenforderungen.

96. Im Uebrigen ist für die Werthsberechnung der Zeitpunkt der Erhebung der Klage entscheidend; Früchte, Nutzungen, Zinsen, Schäden und Kosten bleiben unberücksichtigt, wenn sie als Nebenforderungen geltend gemacht werden[2]), d. h. im Abhängigkeitsverhältnisse zu einer anderen gleichzeitig geltend gemachten Forderung (dem Hauptanspruch) stehen.

Für Akte, welche Früchte, Nutzungen, Zinsen, Schäden oder Kosten (auch nach der Klageerhebung aufgekommene) als Nebenforderungen ohne den bezüglichen Hauptanspruch betreffen, ist der Werth der Nebenforderungen insoweit maßgebend, als er den Werth des Hauptanspruchs nicht übersteigt.

---

[1]) G.-K.-G. § 10. [2]) C.-P.-O. § 4.

Für Akte der Zwangsvollstreckung selbst wegen einer Geldforderung werden die einzuziehenden Zinsen bis zur Vollstreckungshandlung mitberechnet.

Für Akte, welche die Kosten des Rechtsstreites allein ohne den Hauptanspruch bezw. Nebenforderungen betreffen, (z. B. wenn es sich nach Zurücknahme der Klage nur noch um den Kostenpunkt handelt), ist der Betrag der Kosten maßgebend.[1])

Mehrere Ansprüche und Widerklage.

97. Mehrere in einer Klage geltend gemachte Ansprüche werden zusammengerechnet.[2])

Soweit Klage und Widerklage, welche nicht in getrennten Prozessen verhandelt werden, denselben Streitgegenstand betreffen (z. B. auch bei den zur Kompensation gestellten Gegenforderungen), sind die Gebühren nach dem einfachen Werthe dieses Gegenstandes zu berechnen. Soweit beide Klagen nicht denselben Streitgegenstand betreffen, sind die Gegenstände zusammenzurechnen.

Das Gleiche gilt für wechselseitig eingelegte Rechtsmittel, welche nicht in getrennten Prozessen verhandelt werden.[3])

Weitere Regeln für einzelne Fälle.

Für einzelne, häufig vorkommende Fälle hat das freie richterliche Ermessen noch folgende Regeln zu beachten:

98. Der Werth eines Streitgegenstandes wird bestimmt: durch den Werth einer Sache, wenn deren Besitz (d. h. Erhaltung, Räumung, Herausgabe, Wiedergewähr desselben oder Abwehr einer Besitzstörung), und durch den Betrag einer Forderung, wenn deren Sicherstellung oder ein Pfandrecht Gegenstand des Streites ist. Hat der Gegenstand des Pfandrechts einen geringeren Werth, so ist dieser maßgebend.[4])

---

[1]) G.-K.-G. § 13. [2]) C.-P.-O. § 5. [3]) G.-K.-G. § 11.
[4]) C.-P.-O. § 6.

Dies gilt auch für die sog. Interventionsprozesse in der Executionsinstanz.

99. Der Werth einer Grunddienstbarkeit wird durch den Werth, welchen dieselbe für das herrschende Grundstück hat, und wenn der Betrag, um welchen sich der Werth des dienenden Grundstücks durch die Dienstbarkeit mindert, größer ist, durch diesen Betrag bestimmt.[1])

100. Ist das Bestehen oder die Dauer eines Pacht- oder Miethsverhältnisses streitig, so ist der Betrag des auf die gesammte streitige Zeit fallenden Zinses und, wenn der fünfundzwanzigfache Betrag des einjährigen Zinses geringer ist, dieser Betrag für die Werthsberechnung entscheidend.[2])

Auf Klagen, in welchen auf Grund eines Pacht- und Miethsverhältnisses nur Geldansprüche erhoben werden, ist dies nicht anwendbar.

101. Der Werth des Rechts auf wiederkehrende Nutzungen oder Leistungen (z. B. bei Alimentenklagen) wird nach dem Werthe des einjährigen Bezuges berechnet und zwar:

auf den $12^1/_2$fachen Betrag, wenn bei einem auf längere Zeit dauernden Bezugsrecht der künftige Wegfall desselben gewiß, die Zeit des Wegfalls aber ungewiß ist,

auf den 25fachen Betrag bei unbeschränkter oder bestimmter Dauer des Bezugsrechts. Bei bestimmter Dauer des Bezugsrechts ist der Gesammtbetrag der künftigen Bezüge maßgebend, wenn er der geringere ist.[3])

Bei einem Bezugsrecht auf kurze Dauer (z. B. während eines Prozesses) tritt das freie Ermessen des Gerichts in Kraft.

Bei einer jährlichen Rente von 100 M. wird sich also der Werth eines 30jährigen Bezugsrechts auf 2500 M., der eines 5jährigen auf 500 M. stellen. Der Werth einer

---

[1]) C.-P.-O. § 7. [2]) C.-P.-O. § 8. [3]) C.-P.-O. § 9.

Alimentenforderung für die Dauer eines Prozesses ist dagegen nach freiem richterlichen Ermessen festzusetzen.

Miteingeklagte rückständige Bezüge aus der Zeit vor der Erhebung der Klage sind dem Werth des Anspruchs auf die künftigen Bezüge hinzuzurechnen.

102. Der Werth des Streitgegenstandes eines Prozesses über die **Richtigkeit** oder das **Vorrecht einer Forderung** ist mit Rücksicht auf das Verhältniß der Theilungs- zur Schuldenmasse von dem Prozeßgerichte nach freiem Ermessen festzusetzen.[1])

XVI. Welche baare Auslagen der Gerichte können erhoben werden?

103. An baaren Auslagen dürfen von den Gerichten nur erhoben werden:

1. die Schreibgebühren;
2. die Post- und Telegraphengebühren;
3. die durch Einrückung einer Bekanntmachung in öffentliche Blätter entstehenden Kosten;
4. die an Zeugen und Sachverständige zu zahlenden Gebühren;
5. die bei Geschäften außerhalb der Gerichtsstelle den Gerichtsbeamten zustehenden Tagegelder und Reisekosten;
6. die an andere Behörden oder Beamte (z. B. Gerichtsvollzieher, Kalkulatoren, Konsuln, Gesandte, Polizei u. a.) oder an Rechtsanwälte für deren Thätigkeit zu zahlenden Beträge;
7. die Kosten eines Transports von Personen;
8. die Haftkosten nach Maßgabe der für die Strafthat geltenden landesgesetzlichen Vorschriften.[2])

Für die von Amtswegen bewirkten Zustellungen[3]) werden keine baare Auslagen erhoben. Die Erhebung der Schreibgebühr für die Ausfertigungen und Abschriften des

[1]) Konk.-O. § 136. [2]) G.-K.-G. § 79. [3]) Also solche, welche nicht blos auf Antrag der Partei zu bewirken sind, wie z. B. die Klage im amtsgerichtlichen Verfahren und Ladung zum Sühnetermin.

zuzustellenden Schriftstücks wird hierdurch aber nicht ausgeschlossen, sofern solche Erhebung an sich zu erfolgen hätte.[1])

Die Auslagen werden mit Ausnahme der Schreibgebühren in der Höhe der wirklich baar verlegten Beträge angesetzt.

104. Die **Schreibgebühren** werden nach einem bestimmten Satz berechnet. Die Schreibgebühr beträgt für die Seite, welche mindestens 20 Zeilen von durchschnittlich 12 Silben enthält, 10 Pfennig, auch wenn die Herstellung auf mechanischem Wege (Druck, Metallographie 2c.) stattgefunden hat. Ist mehr auf eine Seite geschrieben, so bleibt dies ganz außer Betracht. Jede angefangene Seite (d. h. jede nur einzeln vorhandene oder bei mehreren die letzte) wird voll berechnet.

Schreibgebühren werden für Ausfertigungen jeglicher Art (z. B. von Urtheilen, Beschlüssen, Bescheiden, auch Ersuchungsschreiben, Ladungen u. drgl.) sowie für Abschriften erhoben.[2])

Ausgenommen sind aber und bleiben ohne Vergütung:

a) die **von Amtswegen** anzufertigenden Ausfertigungen und Abschriften in den Fällen, wo es sich um den Streitgegenstand, den Kostenansatz, die Niederschlagung von Gebühren, um Beschwerden und um solche Sachen handelt, in denen die Verhandlung und Entscheidung laut Tarif gebührenfrei erfolgt, insbesondere also in den Fällen der Prozeß- und Sachleitung einschließlich der Bestimmung und Aenderung von Terminen und Fristen — **sofern** bei allen diesen Fällen auch keine Gebühren zu erheben sind;[3])

b) die Benachrichtigung von dem gegen einen Zahlungsbefehl erhobenen Widerspruche; der Voll-

---

[1]) G.-K.-G. § 80b. [2]) G.-K.-G. § 80 (aber nicht von Adressen auf Briefumschlägen). [3]) Für Ladungen von Zeugen und Sachverständigen auf Grund eines gebührenpflichtigen Beweisbeschlusses werden z. B. stets Schreibgebühren erhoben.

streckungsbefehl; die Vollstreckungsklausel; das Zeugniß der Rechtskraft und das Zeugniß, daß innerhalb der Nothfrist ein Schriftsatz zur Terminsbestimmung nicht eingereicht sei.[1])

B. Gebühren und Auslagen der Rechtsanwälte.

XVII. Arten der Anwaltsgebühren, deren Höhe und Berechnungsart.

105. Soweit nicht die Vergütung vereinbart ist (s. Nr. 60), stehen dem zum Prozeßbevollmächtigten[2]) bestellten Rechtsanwalt für Vertretung oder Beistand im Prozesse[3]) außer dem Ersatz seiner Auslagen folgende 4

---

[1]) G.-K.-G. § 80a. [2]) Als Prozeßbevollmächtigter gilt der Rechtsanwalt nicht nur dann, wenn er zur Führung des ganzen Prozesses bevollmächtigt ist, sondern auch in dem Falle, daß ihm die Vertretung nur für einen Abschnitt des Prozesses bezw. der Zwangsvollstreckung nebst Vornahme aller dabei vorkommenden und zur Ausführung des Auftrags erforderlichen Geschäfte übertragen ist, sofern eben nur die Vollmacht sich nicht auf eine einzelne, bestimmte Handlung beschränkt. Für letztere Fälle s. Nr. 110—113 und Tarif.

[3]) Es handelt sich auch hier nur um solche Prozesse, welche vor die ordentlichen Gerichte (s. Note zu Nr. 81) gebracht sind oder gebracht werden sollen. A.-G.-O. § 1.

Die Vergütung der Thätigkeit vor Verwaltungsgerichten oder anderen besonderen Gerichten ist landesgesetzlich in den einzelnen Staaten geordnet. Kann eine und dieselbe Thätigkeit nach reichs- und landesgesetzlichen Normen vergütet werden, so kommt nur die günstigere Vorschrift in Anwendung. A.-G.-O. § 92. Die hier dargestellten reichsgesetzlichen Normen kommen auch im schiedsrichterlichen und im Verfahren vor dem Patentamt und Reichsgericht wegen Nichtigkeitserklärung oder Zurücknahme eines Patents zur entsprechenden Anwendung (A.-G.-O. § 91); ebenso laut § 44 des Konsulargerichtsbarkeitsgesetzes in den vor die Konsulargerichte gehörigen Prozessen, sofern nicht die Gebühren durch Ortsgebrauch geregelt sind.

verschiedene Bauschgebühren zu, welche je nach der Ausdehnung des Verfahrens einzeln oder zusammen zum Ansatz kommen können:

a) Die **Prozeßgebühr** — für den Geschäftsbetrieb, einschließlich der Information.[1]) Sie vergütet die gesammte Thätigkeit des Rechtsanwalts außerhalb der mündlichen Verhandlung — abgesehen vom Beweisaufnahmeverfahren, — insbesondere die Information, die Anfertigung aller vorkommenden Schriftsätze oder schriftlichen Anträge, die Wahrnehmung von Terminen, soweit solche neben der mündlichen Verhandlung etwa vorkommen (auch Mitwirkung beim Sühneverfahren) und den zur Prozeßführung erforderlichen Verkehr mit den Parteien, dem Gericht und den Gerichtsvollziehern, wie auch die Besorgung von Briefen am Orte und zur Post.[2])

Ermäßigung.

Soweit aber der Auftrag schon vor der mündlichen Verhandlung erledigt ist, ohne daß der Rechtsanwalt die Klage eingereicht hat oder einen Schriftsatz hat zustellen lassen, steht ihm die Prozeßgebühr nur zu $^5/_{10}$ zu, und zwar ohne Rücksicht darauf, ob die Klage bezw. der Schriftsatz angefertigt ist.

In einem Verfahren, für welches eine mündliche Verhandlung durch das Gesetz nicht vorgeschrieben ist, findet die gleiche Ermäßigung statt, soweit der Auftrag erledigt ist, bevor der Antrag an das Gericht eingereicht, der mündliche Antrag gestellt oder der Auftrag an den Gerichtsvollzieher oder den diesen Auftrag vermittelnden Gerichtsschreiber ertheilt ist.[3])

Die Prozeßgebühr ist also zur Hälfte erworben, sobald der Anwalt irgend wie thätig geworden ist, z. B. durch Einziehung von Information oder Annahme eines

---

[1]) A.-G.-O. § 13. [2]) Portoauslagen werden ersetzt.

[3]) A.-G.-O. § 14.

Schriftsatzes der Gegenpartei; zum vollen Betrage jedenfalls bei Beginn der mündlichen Verhandlungen.

b) Die **Verhandlungsgebühr** — für die gesammte mündliche Verhandlung, auch wenn sie in mehreren äußerlich getrennten Terminen stattfindet und unabhängig von der darauf ergehenden Entscheidung.[1])

Die Verhandlungsgebühr steht jedoch dem Rechtsanwalte nicht zu, welcher zur mündlichen Verhandlung geladen hat, ohne daß dieselbe durch das Gesetz vorgeschrieben oder durch das Gericht oder den Vorsitzenden angeordnet war.[2])

Ermäßigung.

Eine Ermäßigung tritt ein, soweit die mündliche Verhandlung nicht kontradiktorisch ist. Kontradiktorisch ist sie nur, wenn darüber zwischen den Parteien ein wirklicher Streit besteht, wenn also bei der Verhandlung beider Theile, dem Antrage einer Partei durch einen Antrag der Gegenpartei widersprochen wird. (Vgl. Nr. 81a.)

Für eine nicht kontradiktorische Verhandlung (also in der Regel im Versäumnißverfahren) steht dem Rechtsanwalt die Verhandlungsgebühr nur zu $^5/_{10}$ zu. Trifft dies nur für einen Theil des Streitgegenstandes zu, so ist die ermäßigte Gebühr nach dem Werthe dieses Theils zu berechnen.

Diese Minderung tritt in Ehesachen[3]) und in den vor die Landgerichte gehörigen Entmündigungssachen[4]) nicht ein, sofern der Kläger verhandelt. Ebenso gilt die

---

[1]) A.-G.-O. § 13. [2]) A.-G.-O. § 15. [3]) Solche Rechtsstreitigkeiten, welche die Trennung, Ungültigkeit oder die Nichtigkeit einer Ehe oder die Herstellung des ehelichen Lebens zum Gegenstande haben. [4]) Entziehung der bürgerlichen Selbstständigkeit wegen Geisteskrankheit oder wegen Verschwendung. Im vorliegenden Falle handelt es sich um die Anfechtungsklage gegen den Beschluß des Amtsgerichts.

Verhandlung im vorbereitenden Verfahren[1]) stets als kontradiktorische mündliche Verhandlung.[2])

Erhöhung.

Insoweit sich in den die Erhebung der Beweisgebühr (zu d) begründenden Fällen die Vertretung auf die weitere mündliche Verhandlung in einem neuen Termin erstreckt, erhöht sich die dem Rechtsanwalte zustehende Verhandlungsgebühr — jedoch nur einmal — um die Hälfte und, wenn die weitere mündliche Verhandlung eine nicht kontradiktorische ist, um ein Viertel.[3])

Einem Rechtsanwalt, welcher die Vertretung in der der Beweisanordnung vorausgegangenen Verhandlung nicht hatte, sondern der erst später eintritt, steht selbstverständlich für die Vertretung in der dem Beweisaufnahmeverfahren nachfolgenden Verhandlung nur die einfache Verhandlungsgebühr zu.[4])

c. Die **Vergleichsgebühr** — für die Mitwirkung bei einem zur Beilegung des Rechtsstreits abgeschlossenen Vergleiche, auch wenn er außergerichtlich zu Stande gekommen ist[5]) (s. auch Nr. 83a).

Die Vergleichsgebühr steht dem Rechtsanwalt aber nur zu 5/10 zu, wenn ihm für denselben Streitgegenstand

---

[1]) Vorbereitendes Verfahren in Rechnungssachen, Auseinandersetzungssachen und ähnlichen Prozessen. Für dieses Verfahren darf jedoch eine Verhandlungsgebühr nicht erhoben werden, wenn eine solche schon hinsichtlich desselben Streitgegenstandes für eine kontradiktorische Verhandlung derselben Instanz in Ansatz kommt. Vgl. Nr. 118. [2]) A.-G.-O. § 16. [3]) A.-G.-O. § 17. [4]) S. a. Tarif: Position „Erledigung". [5]) A.-G.-O. § 13. Ein Vergleich liegt auch dann vor, wenn Beklagter gegen die ihm vom Kläger eingeräumte Stundung bezw. Bewilligung von Theilzahlungen die bisherige Bestreitung der klägerischen Forderung aufgiebt bezw. die Prozeßkosten zu tragen sich verpflichtet; nicht aber auch dann, wenn Kläger vor der Verhandlung zur Hauptsache nur erklärt, die Klage unter Kostenübernahme zurückzunehmen und Beklagter die Rücknahme genehmigt.

schon die volle Verhandlungsgebühr zusteht und der Vergleich vor dem Prozeßgericht oder einem ersuchten oder beauftragten Richter abgeschlossen ist[1]), also noch nicht vorher völlig abgemacht war. S. auch Tarif und Pos. Sühneverfahren.

d. Die **Beweisgebühr** — für die Vertretung in dem Termine zur Leistung des durch ein Urtheil auferlegten Eides — gleichviel ob der Eid geleistet wird oder nicht, — sowie in einem Beweisaufnahmeverfahren, wenn die Beweisaufnahme nicht blos in Vorlegung der in den Händen des Beweisführers, oder des Gegners befindlichen Urkunden besteht.[2]) Die Gebühr kann aber gemäß Nr. 118 nie mehr als einmal in jeder Instanz liquidirt werden.

Es ist hier übrigens nur die Vertretung in einem durch Beweisbeschluß angeordneten besonderen Beweisaufnahmeverfahren gemeint. Die Beweisgebühr dafür ist erworben, sobald in dem begonnenen Beweisaufnahmeverfahren der Anwalt eine irgendwie damit in unmittelbarem Zusammenhang stehende Thätigkeit ausgeübt hat, wenn auch nicht gerade durch Wahrnehmung des Beweistermins. Die Entgegennahme des Beweisbeschlusses oder der Ladung zum Termin rechtfertigen allein aber noch nicht die Beweisgebühr, ebensowenig die nachträglichen Ermittelungen und Angaben über Zeugen.

Im Falle der Vertretung in dem Eidesleistungstermin ist aber die Gebühr schon dann verdient, wenn nur der Anwalt dem Termin beigewohnt hat, auch wenn es nicht zur Eidesabnahme kommt.

106. Der volle Normalbetrag einer jeden dieser Gebühren zu a—c ist der aus Tabelle VII Spalte 1 ersichtliche Einheitssatz, der zu d (Beweisgebühr) die Hälfte dieses Satzes[3]) — Tab. VII Spalte 4 —, s. a. Tab. IX.

107. Der Normaleinheitssatz ermäßigt sich, wie bei

---

[1]) A.-G.-O. § 18. [2]) A.-G.-O. § 13. [3]) A.-G.-O. §§ 9, 13.

den Gerichtsgebühren (s. Nr. 85), für einige Verfahrensarten, z. B. auf 6/10 für Urkunden- und Wechselprozesse[1]) (Tabelle X).

Ueber diese, sowie alle sonstigen Abweichungen und über den Gebührenansatz in besonderen Verfahrensarten und Rechtssachen giebt der folgende Tarif Aufschluß.

108. Für die bei dem Reichsgerichte zugelassenen Rechtsanwälte erhöhen sich die Gebührensätze in der Revisionsinstanz um 3/10.[2])

109. Der niedrigste Betrag einer jeden Gebühr ist auf 1 Mark bestimmt.[3])

Theilung der Vertretung und einzelne Handlungen.

110. Der zum Prozeßbevollmächtigten bestellte Rechtsanwalt, welcher auf Verlangen der Partei die Vertretung in der mündlichen Verhandlung einem anderen Rechtsanwalt übertragen hat, erhält neben den ihm zustehenden Gebühren 5/10 der Verhandlungsgebühr. Diese Gebühr wird auf eine ihm sonst zustehende Verhandlungsgebühr angerechnet.[4])

111. Dem Rechtsanwalte, welchem von der Partei oder auf deren Verlangen von dem Prozeßbevollmächtigten nur die Vertretung in der mündlichen Verhandlung oder die Ausführung der Parteirechte in derselben übertragen ist, steht neben der Verhandlungsgebühr die Prozeßgebühr zu 5/10 zu. Letztere Gebühr steht ihm auch dann zu, wenn der Auftrag vor der mündlichen Verhandlung erledigt wird. Erstreckt sich die Vertretung auf eine mit der mündlichen Verhandlung verbundene Beweisaufnahme, so erhält der Rechtsanwalt außerdem die Beweisgebühr.[5])

Ueber Führung des Verkehrs der Partei mit dem Bevollmächtigten, Vertretung in Beweis- und Eides-

---

[1]) A.-G.-O. § 19. [2]) A.-G.-O. § 52. [3]) A.-G.-O. § 8.
[4]) A.-G.-O. § 42. [5]) A.-G.-O. § 43.

abnahmeterminen, Anfertigung von Schriftsätzen, Gutachten, Rathsertheilung und Gelderhebung als einzelne Thätigkeiten s. den Tarif.

112. Der nicht zum Prozeßbevollmächtigten bestellte Rechtsanwalt erhält höchstens die für den Prozeßbevollmächtigten bestimmte Gebühr, falls die ihm aufgetragenen Handlungen in den Kreis derjenigen Thätigkeit fallen, für welche die dem Prozeßbevollmächtigten zustehende Gebühr bestimmt ist[1]), z. B. für mehrere Rathsertheilungen und Anfertigung von Schriftsätzen in demselben Prozeß zusammen höchstens die Prozeßgebühr.

113. Wird ein Rechtsanwalt, nachdem er in einer Rechtssache thätig gewesen, zum Prozeßbevollmächtigten bestellt, so erhält er für die ihm vorher aufgetragenen Handlungen, soweit für dieselben die dem Prozeßbevollmächtigten zustehende Gebühr bestimmt ist, und als Prozeßbevollmächtigter zusammen nicht mehr an Gebühren, als ihm zustehen würde, wenn er vorher zum Prozeßbevollmächtigten bestellt worden wäre.[2])

Aufhebung des Auftrags.

114. Wird der einem Rechtsanwalt ertheilte Auftrag durch Tod, Kündigung oder sonstwie vor Beendigung der Instanz aufgehoben, so stehen dem Rechtsanwalte die Gebühren in gleicher Weise zu, als wenn die Instanz zur Zeit der Aufhebung des Auftrags durch Zurücknahme der gestellten Anträge erledigt wäre, unbeschadet der aus einem Verschulden sich ergebenden civilrechtlichen Folgen.[3])

Vertretung mehrerer Streitgenossen.

115. Bei Vertretung mehrerer Streitgenossen, einschließlich der Nebenintervenienten, stehen dem Rechtsanwalte die Gebühren nur einmal zu. Bei nachträglichem Beitritte von Streitgenossen erhöht sich aber durch jeden Beitritt die Prozeßgebühr um $^2/_{10}$. Die Erhöhung wird nach dem Betrage berechnet, bei welchem die Vollmacht-

[1]) A.-G.-O. § 48. [2]) A.-G.-O. § 49. [3]) A.-G.-O. § 50.

geber gemeinschaftlich betheiligt sind; mehrere Erhöhungen dürfen den einfachen Betrag der Prozeßgebühr nicht übersteigen.[1])

Tritt z. B. einem Rechtsstreit über 10 000 Mark der mit 1600 Mark betheiligte B und sodann der mit 60 Mark betheiligte C bei, so erhöht sich die regelmäßige Prozeßgebühr von 64 Mark durch den Hinzutritt von B um $^{2}/_{10}$ der Gebühr der 10. Werthsklasse mit 6,40 Mark, durch den Hinzutritt von C um $^{2}/_{10}$ der Gebühr der 2. Klasse mit 60 Pfg., zusammen um 7 Mark, also auf 71 Mark.

Ergänzende Regeln.

116. Ist für das dem Rechtsanwalt übertragene Geschäft der Betrag der Gebühr in den hier wiedergegebenen Gesetzesvorschriften nicht bestimmt, so erhält er eine unter entsprechender Anwendung dieser Bestimmungen zu bemessende Gebühr.[2])

Eine ebenso zu bemessende Gebühr erhält er in dem seltenen Falle, daß für die begonnene oder vorbereitete Ausführung eines vor der vollständigen Ausführung erledigten Auftrags eine Gebühr nicht vorgesehen ist.[3])

Berechnungsart.

117. Die Anwaltsgebühren werden nach dem Werthe des Streitgegenstandes (Abschnitt XV) berechnet und liquidirt, und zwar ist auch hier zunächst die für die Berechnung der Gerichtsgebühren vorgenommene Werthsfestsetzung maßgebend. Kommt nur ein Theil desselben in Betracht, so greifen auch hier die in Nr. 89 gegebenen Regeln Platz.[4])

XVIII. Hauptprinzip des Bauschsystems.

118. Auch für die Anwaltsgebühren ist vor allem der wichtige Grundsatz (s. Nr. 90) zu beachten,

daß die vorbenannten vier Gebühren die gesammte Thätigkeit des Rechtsanwalts von

[1]) A.-G.-O. § 51. [2]) A.-G.-O. § 89. [3]) A.-G.-O. § 90.

[4]) A.-G.-O. §§ 9—11. Dem Anwalt steht besonders die Beschwerde gegen den Festsetzungsbeschluß (Nr. 93) zu. § 12.

dem Auftrage bis zur Beendigung der Instanz umfassen und daß demgemäß ein und derselbe Anwalt jede dieser vier Gebühren in jeder Instanz rücksichtlich eines jeden Theils des Streitgegenstandes nur einmal beanspruchen kann[1]),

so daß, wenn in derselben Instanz für die gleichartige Thätigkeit in den verschiedenen Prozeßstadien und den zu diesen gehörigen Akten und Prozeßvorkommnissen dieselbe Gebühr nach verschiedenen Sätzen zum Oeftern zu liquidiren Anlaß wäre — z. B. für die Verhandlung zur Hauptsache der Normalsatz bezw. auch das 1½fache, für die Verhandlung über prozeßhindernde Einreden $^{5}/_{10}$ und für die Verhandlung über vorläufige Einstellung der Zwangsvollstreckung $^{3}/_{10}$ der Normalgebühr —, dennoch die betreffende Gebühr nur einmal und selbstverständlich mit dem höchstzulässigen Betrage angesetzt werden kann, in obigem Beispiel also die Verhandlungsgebühr nur einmal, und zwar in Höhe der Normalgebühr bezw. des 1½fachen derselben.

Vorausgesetzt wird hierbei wie auch hinsichtlich der folgenden Regeln, daß im Laufe der Instanz ein Wechsel der Anwälte nicht stattgefunden hat. Wegen der Erstattung s. Nr. 68.

Regelmäßiges Ergebniß der Berechnung.

119. Die Kombination dieser vier Arten von Bauschgebühren ergiebt den Gesammtbetrag der in einer Instanz zulässigen Gebühren. (Tab. IX und X.)

Das Ergebniß der Berechnung wird sich demnach für den regelmäßigen Prozeßgang folgendermaßen darstellen:

a) Wird der Prozeß ohne kontradiktorische Verhandlung durch Versäumnißurtheil erledigt, so erhält der Rechtsanwalt die Prozeßgebühr und die halbe Verhandlungsgebühr, d. h. die Normalgebühr

---

[1]) A.-G.-O. §§ 25, 29.

zum 1½fachen Betrage (s. Tab. IX Spalten 1 und 2a),

also bei einem Werthe des Streitgegenstandes

von	50 Mark	3 +	1,50 =	4,50	Mark
„	500 „	19 +	9,50 =	28,50	„
„	5000 „	52 +	26,— =	78,—	„

b) Wird die I. oder II. Instanz auf kontradiktorische Verhandlung ohne Beweisaufnahme durch Endurtheil erledigt, so erhält der Rechtsanwalt die Prozeßgebühr und die Verhandlungsgebühr, d. h. die Normalgebühr zum doppelten Betrage (s. Tabelle IX Spalten 1 und 2b, Tabelle VII Spalte 6),

also

bei	50 Mark	2 ×	3 =	6	Mark
„	500 „	2 ×	19 =	38	„
„	5000 „	2 ×	52 =	104	„

c) Wird die Instanz nach erfolgtem Beweisaufnahmeverfahren auf weitere mündliche kontradiktorische Verhandlung durch Endurtheil erledigt, so erhält der Rechtsanwalt die Normalgebühr dreifach, nämlich einmal als Prozeßgebühr, 1½fach als Verhandlungsgebühr und zur Hälfte als Beweisgebühr (s. Tab. IX Spalten 1, 2d und 3, Tab. VII Spalte 7),

also

bei	50 Mark	3 ×	3 =	9	Mark
„	500 „	3 ×	19 =	57	„
„	5000 „	3 ×	52 =	156	„

d) In der Revisionsinstanz betragen die Gebühren für die beim Reichsgericht zugelassenen Rechtsanwälte bei kontradiktorischer Verhandlung ohne Beweisaufnahme

bei	50 Mk.	nach Tab. VIII Spalte 6 =	7,80
„	500	„ „ „ „ „ „ =	49,40
„	5000	„ „ „ „ „ „ =	135,20

e) Ist der Prozeß unter Mitwirkung des Anwalts durch Vergleich beigelegt, so tritt zu den Gebühren der betr. Instanz zu b oder c noch der Betrag der Normalgebühr einmal als Vergleichsgebühr hinzu, so daß dann die Gebühren insgesammt betragen

	zu b	zu c
bei 50 Mark	9	12
„ 500 „	57	76
„ 5000 „	156	208

Wenn aber der Vergleich vor dem Prozeßgericht oder einem ersuchten oder beauftragten Richter abgeschlossen ist, kommt nur die Vergleichsgebühr zu ½ hinzu und es betragen dann die Gebühren insgesammt

	zu b	zu c
bei 50 Mark	7,50	10,50
„ 500 „	47,50	66,50
„ 5000 „	130,—	182,—

f) Für Urkunden- und Wechselprozesse ist Tabelle X zu benutzen; es können danach in dem Falle zu c nur in Ansatz kommen:

bei 50 Mark 3 × 1,80 = 5,40 Mark
„ 500 „ 3 × 11,40 = 34,20 „
„ 5000 „ 3 × 31,20 = 93,60 „

Ueber die Berechnungsart in verwickelteren Fällen mag auf das Beispiel Nr. 90g hingewiesen sein.

XIX. Inhalt und Umfang der Instanz.

120. Den Begriff der „Instanz“ faßt die Anwaltsgebührenordnung in demselben Sinne auf, wie das Gerichtskostengesetz[1]), es gilt sonach auch für die Anwaltsgebühren das im Abschnitt XIV Ausgeführte. Instanz schließt hier auch die anwaltliche Thätigkeit von dem Auftrage bis zum Beginn des gerichtlichen Verfahrens ein.

---

[1]) A.-G.-O. § 26.

121. Zu der Instanz gehören für die Anwalts-gebühren-Erhebung insbesondere:

1) das Verfahren behufs Festsetzung des Werthes des Streitgegenstandes;
2) Zwischenstreite mit Nebenintervenienten, sowie mit Zeugen oder Sachverständigen;
3) das Verfahren zur Sicherung des Beweises, wenn die Hauptsache anhängig ist;
4) das Verfahren über einen Antrag auf Anordnung oder Aufhebung eines Arrestes oder einer einstweiligen Verfügung, sowie über einen Antrag auf vorläufige Einstellung, Beschränkung oder Aufhebung einer Zwangsvollstreckung, soweit das Verfahren mit dem Verfahren über die Hauptsache verbunden ist;
5) das Verfahren über einen Antrag auf Aenderung einer Entscheidung des beauftragten oder ersuchten Richters oder des Gerichtsschreibers;
6) das Verfahren über die im Gerichtskostengesetze § 47 Nr. 1—12 bezeichneten Streitpunkte und Anträge;[1]
7) die Zustellung und Empfangnahme der Entscheidungen und die Mittheilung derselben an den Auftraggeber;
8) die Uebersendung der Handakten an den Bevollmächtigten einer anderen Instanz.[2]

Wann hierfür abgesonderte Gebührenerhebung stattfindet, ist in den betr. Positionen des Tarifs vermerkt.

122. Das ordentliche Verfahren, welches nach der Abstandnahme vom Urkunden- oder Wechselprozesse, sowie nach dem mit Vorbehalt in demselben erlassenen Urtheil anhängig bleibt, gilt für die Berechnung der Gebühren des Rechtsanwalts als besonderer Rechtsstreit; der Rechtsanwalt muß sich jedoch die Prozeßgebühr des Urkunden-

[1] Dieselben sind sämmtlich im angehängten Tarif berücksichtigt.

[2] A.-G.-O. § 29.

oder Wechselprozesses auf die gleiche Gebühr des ordentlichen Verfahrens anrechnen.[1])

Wegen des Einspruchs und wegen der Instanzen in der Zwangsvollstreckung s. den Tarif (Position: Einspruch, Zwangsvollstreckung und Vollstreckungsklausel).

XX. Auslagen der Anwälte.

123. Aus der Natur des Mandatsverhältnisses ergiebt sich der Grundsatz, daß dem Rechtsanwalt nothwendige und nützliche Auslagen (Porto- und Telegraphengebühren u. a.), welche er zum Zwecke der Ausführung des ihm ertheilten Auftrags gemacht hat, zu erstatten sind.

Für *Verpackung von Briefen und Akten* dürfen Auslagen nicht berechnet werden.[2]) Ebenso darf für die *Besorgung von Briefen* am Orte oder zur Post an Auslagen nur Porto bezw. wenn im einzelnen Falle die Annahme eines besonderen Boten nothwendig war, der Lohn desselben berechnet werden.

124. *Schreibgebühren* stehen dem Rechtsanwalt nicht nur für die zum Prozeßbetrieb erforderlichen Abschriften von Schriftsätzen, Urkunden, Urtheilen oder Beschlüssen, sondern auch für seinen schriftlichen Verkehr mit dem Auftraggeber und für sonstiges durch Hülfskräfte gefertigtes Schreibwerk zu.

Die Schreibgebühr beträgt für die Seite, welche *mindestens* 20 Zeilen von durchschnittlich 12 Silben enthalten soll, 10 Pfennig, auch wenn die Herstellung auf mechanischem Wege (durch Druck, Metallographie u. a.) stattgefunden hat. Dadurch, daß mehr auf einer Seite geschrieben oder gedruckt steht, erhöht sich nicht der Vergütungssatz. Jede angefangene Seite (d. h. jede nur einzeln vorhandene oder bei mehreren die letzte) wird voll berechnet; als Einheit wird hier der Schriftsatz mit seinen Anlagen und Adressen gelten.[3])

---

[1]) A.-G.-O. § 28. [2]) A.-G.-O. § 77. [3]) A.-G.-O. § 76.

Dagegen ist die besondere Berechnung von Schreibmaterialien ausgeschlossen.

125. Bei Geschäftsreisen erhält der Rechtsanwalt (vorbehaltlich der in Nr. 67 wiedergegebenen Bestimmungen der Rechtsanwaltsordnung):

I. an Tagegeldern . . . . 12 Mark;
II. für ein Nachtquartier . . . . 5 Mark;
III. an Fuhrkosten einschließlich der Kosten der Gepäckbeförderung:
 1. wenn die Reise auf Eisenbahnen oder Dampfschiffen gemacht werden kann, für das Kilometer 13 Pf. und für jeden Zu- u. Abgang 3 Mark;
 2. anderenfalls . . . . . . 60 Pf. für das Kilometer der nächsten fahrbaren Straßenverbindung.

Haben höhere Fuhrkosten aufgewendet werden müssen, so werden diese erstattet.[1])

Die Fuhrkosten werden für die Hin- und Rückreise besonders berechnet. Hat ein Rechtsanwalt Geschäfte an verschiedenen Orten unmittelbar nach einander ausgerichtet, so ist der von Ort zu Ort zurückgelegte Weg ungetheilt der Berechnung der Fuhrkosten zu Grunde zu legen. Bei einer Reise zur Ausführung der Aufträge mehrerer Auftraggeber findet die Vorschrift der Nr. 62 entsprechende Anwendung.[2])

126. Für Geschäfte am Wohnorte stehen dem Rechtsanwalt weder Tagegelder noch Fuhrkosten zu; dasselbe gilt von Geschäften außerhalb des Wohnortes in geringerer Entfernung als zwei Kilometer von demselben. War aber der Rechtsanwalt durch außergewöhnliche Umstände genöthigt, sich eines Fuhrwerks zu bedienen, oder waren sonstige nothwendige Unkosten, wie Brücken- oder Fährgeld, aufzuwenden, so sind die Auslagen zu erstatten.

127. Bei Berechnung der Entfernungen wird

---

[1]) A.-G.-O. § 78. [2]) A.-G.-O. § 79.

jedes angefangene Kilometer für ein volles Kilometer gerechnet.[1])

128. Der Rechtsanwalt, welcher seinen Wohnsitz verlegt, kann bei Fortführung eines ihm vorher ertheilten Auftrags Tagegelder und Reisekosten nur insoweit verlangen, als sie ihm auch bei Beibehaltung seines Wohnsitzes zugestanden haben würden.[2])

C. Gebühren-Tarif

für besondere Verfahrensarten, sowie für einzelne Prozeßvorkommnisse und Handlungen in bürgerlichen Rechtsstreitigkeiten.

Vorbemerkungen.

1. Bei der Benutzung des Tarifs sind selbstredend stets die im zweiten Theil gegebenen Regeln zu beachten.
2. Besteht die Vergütung in den „Gebühren der Nr. 81—84 bezw. Nr. 105, 106", so können je nach den Umständen für das Gericht: die Verhandlungs-, Beweis- und Entscheidungsgebühr, für den Anwalt: die Prozeß-, Verhandlungs-, Vergleichs- und Beweisgebühr — sei es im vollen oder theilweisen Betrage — einzeln oder zusammen in Ansatz kommen.
3. Besteht dagegen die Vergütung in dem vollen oder theilweisen Betrage der „Normalgebühr" (Tab. III bezw. VII Spalte 1), so kann dieser Betrag stets nur einmal und ohne Rücksicht auf die Prozeßart unverändert liquidirt werden.
4. Sofern wegen der Gebühren im Urkunden- und Wechselprozeß nicht auf die Tabellen VI bezw. X besonders hingewiesen, sondern nur auf die Tabellen III bezw. VII Bezug genommen wird, erfolgt der Ansatz nur nach diesen Tabellen, wie auch stets in der Zwangsvollstreckung.

---

[1]) A.-G.-O. § 81. [2]) A.-G.-O. § 82.

5. Ist als Vergütung nur eine der bezeichneten Gebührenarten genannt, so richtet sich die Höhe der Gebühr stets nach der betreffenden Prozeßart (s. Position „Prozesse").

$^5/_{10}$ der Prozeßgebühr z. B. beträgt danach im Wechselprozeß $^5/_{10}$ von $^6/_{10}$ = $^3/_{10}$ der Normalgebühr.

Dabei können auch die in Nr. 81, 83, 105 verzeichneten Modalitäten der Erhöhung oder Ermäßigung Platz greifen.

6. Treten nach Maßgabe der Nr. 86 bezw. 108 in der Berufungs- und Revisionsinstanz erhöhte Gebührensätze ein, so sind

an Stelle der Tab. III	die Tab. IV bezw. V	
„ „ „ „ VII, IX, X	„ „ VIII	

zu benutzen.

Ablehnung eines Richters, Gerichtsschreibers oder Sachverständigen s. diese.

Ablieferung von Geldern s. Gelderhebung.

Abschriften s. Nr. 44, 104, 124.

Aenderung einer Entscheidung s. diese.

Aktenübersendung.

Die Uebersendung der Handakten durch den Anwalt an den Bevollmächtigten einer anderen Instanz gehört zur Instanz und ist daher gebührenfrei; ebensowenig dürfen für Verpackung Auslagen berechnet werden (s. Nr. 121[8], 123).

Wegen der mit der Uebersendung verbundenen gutachtlichen Aeußerungen s. Korrespondenz-Mandatar.

Amortisation s. Aufgebotssachen.

Anträge s. Schriftsatz.

Armenrecht.

1. Für die Verhandlung und Entscheidung über die Bewilligung oder Entziehung des Armenrechts, sowie die Verpflichtung zur Nachzahlung von Kosten können Gerichtsgebühren nur dann, wenn das Verfahren

muthwillig veranlaßt ist, und zwar zu $^3/_{10}$ der Normalgebühr (Tab. III Spalte 4) erhoben werden.

2. Der Rechtsanwalt erhält, soweit sich seine Thätigkeit ausschließlich darauf richtet, stets $^3/_{10}$ der Gebühren der Nr. 105, 106 (Tab. VII Spalte 3 — auch im Urkunden- und Wechselprozeß).[1])

Der für die Hauptsache zum Prozeßbevollmächtigten bestellte Rechtsanwalt darf aber diese Gebühren neben seinen Gebühren für die Instanz nicht besonders erheben (vgl. Nr. 121 Z. 6).

Arrest und einstweilige Verfügung.[2])

1. Soweit das Verfahren mit dem Verfahren über die Hauptsache derart verbunden ist, daß der Arrestantrag u. s. w. in denselben Schriftsätzen und denselben Verhandlungen zusammen mit der Hauptsache lediglich als Theil dieser verhandelt wird, es sich also um einen einheitlichen Rechtsstreit handelt, gehört es für die Gebührenberechnung der Anwälte zur Instanz und es muß alsdann der Grundsatz der Nr. 118 Anwendung finden (s. Nr. 121 Nr. 4).

Sofern es jedoch von dem Verfahren über die Hauptsache getrennt ist, werden Gebühren besonders erhoben, und es findet eine Anrechnung auf die Gebühren in der Hauptsache nicht statt.

---

[1]) G.-K.-G. § 47 Nr. 2 und A.-G.-O. § 23.

[2]) Einstweilige Verfügungen sind in Betreff des Streitgegenstandes zulässig, wenn ohne dieselben eine Veränderung des bestehenden Zustandes zu besorgen ist, durch welche die Verwirklichung des Rechts einer Partei auf den Streitgegenstand oder an demselben vereitelt oder wesentlich erschwert werden würde; sie dienen ferner zur Regelung eines einstweiligen Zustandes in Bezug auf ein streitiges Rechtsverhältniß. Davon zu unterscheiden sind „einstweilige Anordnungen", wie solche z. B. bei Einlegung einer Beschwerde oder bei Einwendung gegen die Ertheilung der Vollstreckungsklausel getroffen werden können.

2. Betrifft die Thätigkeit des Rechtsanwalts ausschließlich die Anordnung, Rechtmäßigkeit, Abänderung oder Aufhebung eines Arrestes oder einer einstweiligen Verfügung, so erhält er

a. in der Regel und soweit nicht nachträglich eine Gebühr zu b zur Erhebung kommt, $^{3}/_{10}$ der Gebühren der Nr. 105, 106 (Tab. VII Spalte 3 auch im Urkunden- und Wechselprozeß),[1])

b. sofern aber die Entscheidung durch Endurtheil zu treffen ist, im Ganzen $^{5}/_{10}$ der Gebühren Nr. 105, 106 (Tab. VII Spalte 4).[2])

3. An Gerichtsgebühren sind in gleichem Falle zu a: $^{2}/_{10}$ der Normalgebühr (Tab. III Sp. 3)[1]),
zu b: $^{5}/_{10}$ der Gebühren Nr. 81—84 (Tab. III Spalte 5) zu erheben.

Die Gebühr zu a, welche für jede Entscheidung (über Anordnung oder Aufhebung des Arrestes ꝛc.) besonders liquidirt wird — gleichviel ob die Anträge Gewährung oder Ablehnung finden —, vergütet auch das vorangegangene Verfahren.[2])

4. Die Vollziehung eines Arrestbefehls unterliegt den Regeln über die Gebührenerhebung in der Zwangsvollstreckung (s. diese Position).

Aufgebotsverfahren (Todeserklärungen, gerichtl. Aufgebote zur Amortisation von Urkunden, Werthpapieren u. a.).

1. An Gerichtsgebühr wird je $^{1}/_{10}$ der Normalgebühr (Tab. III Spalte 2) erhoben:

1) für die Entscheidung über die Zulässigkeit des Antrags;
2) für die Verhandlung im Aufgebotstermine;
3) für die Endentscheidung.[3])

---

[1]) G.-K.-G. § 35 Nr. 4, A.-G.-O. § 23; vgl. auch Anmerkung zur Position: Zwangsvollstreckung Nr. 7. [2]) G.-K.-G. § 26 Nr. 9 und A.-G.-O. § 20. [3]) G.-K.-G. § 44.

2. Dem Rechtsanwalte stehen als Vertreter des Antragstellers je $^3/_{10}$ der Normalgebühr (Tab. VII Spalte 3) zu:

1) für den Betrieb des Verfahrens, einschließlich der Information;
2) für den Antrag auf Erlaß des Aufgebots;
3) für die Wahrnehmung des Aufgebotstermins.

Als Vertreter einer anderen Person erhält er diese Gebühr nur einmal.[1])

Die Thätigkeit bei Beantragung des Aufgebots wird ebenso, wie die bei Wahrnehmung des Aufgebotstermins als eine einheitliche zusammengefaßt, so daß eine Erhöhung der Gebühr nicht eintritt, wenn nach einander mehrere Anträge zu stellen bezw. mehrere Termine wahrzunehmen sind.

Die Anfechtung eines Ausschlußurtheils gilt für die Gebührenerhebung als besonderes Verfahren.

Aufnahme des Verfahrens.

1. Der Rechtsanwalt erhält $^5/_{10}$ der Gebühren der Nr. 105, 106 (Tab. VII Spalte 4 — auch im Urkunden- und Wechselprozeß), wenn seine Thätigkeit ausschließlich betrifft:

die Aufnahme
eines — durch Tod oder Verlust der Prozeßfähigkeit einer Partei oder Wegfall des gesetzlichen Vertreters — unterbrochenen oder ausgesetzten Verfahrens,
oder von Rechtsstreitigkeiten über das zu einer Konkursmasse gehörige Vermögen, welche zur Zeit der Eröffnung des Konkursverfahrens für den Gemeinschuldner anhängig sind.

2. Ebenso sind hier an Gerichtsgebühren nur $^5/_{10}$ der Gebühren Nr. 81—84 (Tab. III Spalte 5) zu erheben.[2])

---

[1]) A.-G.-O. § 40. [2]) G.-K.-G. § 26 Nr. 4 und A.-G.-O. § 20.

3. Gebühren können hier nur liquidirt werden, wenn eine Partei die zögernde Gegenpartei zur Aufnahme drängt, und zwar bei Widerspruch oder bei Versäumniß. Ergeht gemäß § 217 Abs. 4 C.-P.-O. gegen den Rechtsnachfolger ein Versäumnißurtheil, so kann für dieses Verfahren (abgesehen von der Gerichtsgebühr für das Versäumnißurtheil) eine Gebühr nicht zum Ansatz kommen, falls zur Hauptsache weiter verhandelt wird, es sei denn, daß Einspruch gegen das Versäumnißurtheil eingelegt und zugelassen werde, in welchem Falle die Regeln über den Einspruch (s. diese) Platz greifen.

Im Uebrigen ist hier das bei „prozeßhindernde Einreden" Ausgeführte zu berücksichtigen.

Auktor — Benennung s. Rechtsstreit.

Ausführung der Parteirechte s. Nr. 111 ff.

Aussetzung des Verfahrens s. Prozeßleitung.

Bedingtes Urtheil s. Erledigung und Nr. 84.

Beistand.

Für die Thätigkeit als Beistand stehen dem Rechtsanwalt die gleichen Gebühren zu, wie für die Vertretung (s. Nr. 105 und Pos. „Vertretung").

Berichtigung eines Urtheils.

1. Der Rechtsanwalt erhält, soweit seine Thätigkeit ausschließlich die Berichtigung eines Urtheils (bei Schreibfehlern, Rechnungsfehlern oder ähnlichen offenbaren Unrichtigkeiten) oder des Thatbestandes desselben (bei Unrichtigkeiten, Auslassungen, Dunkelheiten oder Widersprüchen in demselben) betrifft, $^{3}/_{10}$ der Gebühren der Nr. 105, 106 (Tab. VII Spalte 3 — auch im Urkunden- und Wechselprozeß).[1])

Der für die Hauptsache zum Prozeßbevollmächtigten bestellte Rechtsanwalt kann dagegen diese Gebühren neben seinen Gebühren für die Instanz nicht besonders erheben (vgl. Nr. 121 Nr. 6).

---

[1]) G.-K.-G. § 47 Nr. 10 und A.-G.-O. § 23.

2. Gerichtsgebühren können, und zwar zu $^3/_{10}$ der Normalgebühr (Tab. III Spalte 4), nur dann erhoben werden, wenn das Verfahren muthwillig veranlaßt ist.

Berufung.

1. In der Berufungs-Instanz sind die Anwaltsgebührensätze gleich hoch, wie die in der ersten Instanz. Die Gerichtsgebührensätze erhöhen sich gemäß Nr. 86 um $^2/_{10}$ (Tab. IV).
2. Der Rechtsanwalt erhält $^5/_{10}$ der Gebühren der Nr. 105, 106 (Tab. VII Spalte 4 — auch im Urkunden- und Wechselprozeß), wenn seine Thätigkeit ausschließlich betrifft:
   a) die Zulässigkeit der Berufung oder die Zurücknahme derselben (Feststellung der Wirkungen der Zurücknahme).
      Hierbei finden die Ausführungen bei „prozeßhindernde Einreden" entsprechende Anwendung —
      oder
   b) die gegen ein Versäumnißurtheil eingelegte Berufung [1])

   An Gerichtsgebühren sind in beiden Fällen nur $^5/_{10}$ der Gebühren der Nr. 81—84 (Tab. IV Spalte 4) zu erheben. Ist zu a die Berufung als unzulässig verworfen, so werden aber auch für eine Verhandlung zur Hauptsache nur $^5/_{10}$ der Gebühr erhoben, sofern die Entscheidung auf diese Verhandlung ergangen ist. [2])
3. Eine Gebühr in Höhe von $^5/_{10}$ der Prozeßgebühr steht dem mit Einlegung der Berufung beauftragten Rechtsanwalte zu, wenn derselbe von der Einlegung abräth — auch wenn der Rath nicht

[1]) Nämlich wenn dieselbe darauf gestützt wird, daß der Fall der Versäumniß nicht vorgelegen hat. G.-K.-G. § 26 Nr. 6 und A.-G.-O. § 20. [2]) G.-K.-G. § 26 Nr. 5 und A.-G.-O. § 20.

verlangt war — und der Auftraggeber demzufolge seinen Auftrag zurücknimmt.[1])
(Tab. VII Spalte 4.)

4. Die durch Klageerhebung erfolgende Berufung auf den Rechtsweg gegen Entscheidungen zu den ordentlichen Gerichten nicht gehörender Behörden gilt als ein selbständiges, nach den allgemeinen Regeln für sich zu vergütendes Verfahren.

Beschlagnahme s. Zwangsvollstreckung und Arrest.

Beschwerde.

1. Es handelt sich hier nur um das civilprozessuale Rechtsmittel der Beschwerde, nicht um Beschwerden über den gerichtlichen Geschäftsbetrieb, Verzögerungen, Disciplin 2c.
2. An Gerichtsgebühren wird eine feste Gebühr von $^3/_{10}$ der Normalgebühr (Tab. III Spalte 4) erhoben für jede Entscheidung, einschließlich des vorangegangenen Verfahrens, in der Beschwerdeinstanz, aber nur soweit die Beschwerde als unzulässig verworfen oder zurückgewiesen wird oder die Kosten des Verfahrens einem Gegner zur Last fallen. Insoweit dies nicht der Fall ist, werden Gebühren nicht erhoben; also auch dann nicht, wenn Kosten ganz außer Ansatz bleiben, wie im Falle der Nr. 23.

   Das Gleiche kommt bei Anträgen auf Aenderung einer Entscheidung des beauftragten oder ersuchten Richters (d. h. eines Mitglieds des Prozeßgerichts oder eines Amtsgerichts) oder des Gerichtsschreibers zur entsprechenden Anwendung.

   Wer die angegriffene Entscheidung erlassen und ob oder wie gebührenpflichtig sie war, bleibt ganz außer Betracht.
3. Dagegen erhält der Rechtsanwalt in der Beschwerdeinstanz stets $^3/_{10}$ der Gebühren Nr. 105, 106, meist wohl nur der Prozeßgebühr (Tab. VII

---

[1]) A.-G.-O. § 47.

Spalte 3). In der Instanz der an eine Nothfrist[1] nicht gebundenen Beschwerde steht dem Rechtsanwalt jedoch die Prozeßgebühr nicht zu, wenn ihm eine solche oder eine Gebühr im Sühneverfahren, Mahnverfahren, Vertheilungsverfahren oder Aufgebotsverfahren (s. diese Tarifpositionen) in der Instanz zustand, in welcher die angefochtene Entscheidung ergangen ist.[2])

4. Zur Beschwerdeinstanz gehört auch die durch die Einlegung der Beschwerde hervorgerufene Aussetzung der angefochtenen Entscheidung und Erlaß einstweiliger Anordnung.

Bevollmächtigter s. Kostentragung.

Beweisaufnahme s. Vertretung.

[1]) Beschwerden, welche an eine Nothfrist gebunden sind (sofortige Beschwerden), werden als solche in der Civilprozeßordnung, der Konkursordnung und anderen Reichs- und Landesgesetzen stets erkennbar bezeichnet.

Nach der Civilprozeßordnung ist die sofortige Beschwerde gegen folgende gerichtliche Entscheidungen zulässig:

Zurückweisung der Ablehnung einer Gerichtsperson oder eines Sachverständigen, Entscheidung des Zwischenstreits einer Partei mit einem Nebenintervenienten, dem gegnerischen Anwalt, einem Zeugen oder Sachverständigen, Festsetzung der einer Partei zu erstattenden Prozeßkosten, Entscheidung über Aussetzung des Verfahrens, Berichtigung des Urtheils gegen Schreibfehler, Rechnungsfehler oder ähnliche offenbare Unrichtigkeiten, Versagung des Versäumnißurtheils, Verurtheilung von Gerichtsschreibern, Gerichtsvollziehern und Vertretern von Parteien zur Tragung von Kosten, Beschluß auf Ablehnung oder Wiederaufhebung einer Entmündigung mit der Ausnahme des § 625, Entscheidungen, welche im Zwangsvollstreckungsverfahren ohne mündliche Verhandlung erlassen werden können, Zurückweisung eines Gesuchs auf Erlaß eines Zahlungsbefehls und Versagung des Ausschlußurtheils im Aufgebotsverfahren.

[2]) A.-G.-O. § 41.

Beweisaufnahme zum ewigen Gedächtniß s. Sicherung des Beweises.

Ehesachen Zwangsmaßregeln gegen Parteien s. Prozeßleitung s. a. Nr. 81a Note und 105b und wegen der Werthsberechnung Nr. 94.

Eidesleistung s. Erledigung und Vertretung.

Einreden s. prozeßhindernde Einreden.

Einspruch.

1. Der Rechtsanwalt erhält, wenn seine Thätigkeit ausschließlich den Einspruch (d. h. Einlegung, Verzicht, Zurücknahme, Zulässigkeit, Verwerfung desselben), sei es gegen ein Versäumnißurtheil, oder gegen einen Vollstreckungsbefehl betrifft $^5/_{10}$ der Gebühren der Nr. 105, 106 (Tab. VII Spalte 4 auch im Urkunden- und Wechselprozeß).[1])

   In gleichem Falle sind an Gerichtsgebühren ebenfalls nur $^5/_{10}$ der Gebühren Nr. 81—84 (Tab. III Spalte 5) zu erheben.

2. Diese Gebührenerhebung darf aber nur dann stattfinden, wenn das Einspruchs-Verfahren nicht zur Instanz der Hauptsache zu rechnen ist, da sonst die Regel der Nr. 90, 118 Platz greifen würde.

3. Das Verfahren über den Einspruch gegen ein Versäumnißurtheil gilt nur im Falle der Zurücknahme, Nichtverhandlung oder Verwerfung des Einspruchs als neue Instanz; eine anwaltliche Prozeßgebühr darf aber in dieser Einspruchs-Instanz nicht erhoben werden. Dies gilt für die Gebühren der Anwälte beider Parteien und die Gerichtsgebühren.

4. Andererseits steht im Falle der Zulassung des Einspruchs dem Rechtsanwalte des Gegners der den Einspruch einlegenden Partei die Gebühr für die mündliche Verhandlung, auf welche das Versäumniß-

---

[1]) G.-K.-G. § 26 Nr. 6 und A.-G.-O. § 20.

urtheil erlassen ist, besonders zu, nämlich die ermäßigte Gebühr der Nr. 105 b.

Ist das Versäumnißurtheil wegen Nichterscheinens des Schwurpflichtigen in einem zur Eidesleistung bestimmten Termine ergangen, so finden die Bestimmungen des vorstehenden Absatzes auch auf den Rechtsanwalt der Partei Anwendung, welche den Einspruch eingelegt hat.¹)

5. Abgesehen von dem Falle zu 3 wird mit dem Einspruch die Instanz, in welcher das Versäumnißurtheil erlassen ist, fortgesetzt. In diesem Falle wird durch die Gebühr für das Versäumnißurtheil eine andere Entscheidungsgebühr derselben Instanz (entgegen der Regel Nr. 90) nicht ausgeschlossen.¹) Durch die somit veranlaßte regelmäßige Erhebung einer besonderen Gebühr für das Versäumnißurtheil bezw. die mündliche Verhandlung (zu 4) werden diese für die Gebührenerhebung aus dem Zusammenhang der Instanz herausgenommen.

6. Hinsichtlich des Einspruchs gegen einen Vollstreckungsbefehl kommen im Allgemeinen dieselben Grundsätze unter Berücksichtigung der Nr. 92 b, 120 zur entsprechenden Anwendung, und zwar können da folgende Fälle eintreten:

A. entweder der Einspruch wird zurückgenommen oder verworfen, so gilt das Verfahren über den Einspruch als neue Instanz und es werden Gebühren (hier aber auch die anwaltliche Prozeßgebühr) in der oben bezeichneten Höhe erhoben,

B. oder der Einspruch wird für zulässig befunden: so wird

1) wenn die Sache vor d·s Amtsgericht gehört, die Klage als erhoben angesehen und nun für

---

¹) G.-K.-G. § 32 und A.-G.-O. § 27.

das weitere Prozeßverfahren in üblicher Weise liquidirt;

2) wenn die Sache vor das Landgericht gehört, und

a. die Klage während der Rechtshängigkeit bei dem Landgericht nicht erhoben ist, wie zu A liquidirt;

b. wenn die Klage dagegen während der Rechtshängigkeit bei dem Landgericht erhoben ist, das amtsgerichtliche Verfahren über die Zulässigkeit des Einspruchs und das Verfahren vor dem Landgericht zusammen als eine Instanz angesehen und je nach dem Verlauf des Prozesses in gewöhnlicher Weise liquidirt.

In den Fällen zu 1 und 2b kann für Verfahren über den Einspruch nach Nr. 90, 118 eine Gebührenerhebung nur soweit stattfinden, als nicht in dem weiteren Verfahren eine entsprechende gleich hohe oder höhere Gebühr zum Ansatz kommt.

Zu beachten ist, daß für das Mahnverfahren abgesonderter Gebührenansatz stattfindet und nur eine theilweise Anrechnung der Gebühren zulässig ist (vgl. „Mahnverfahren").

Einstweilige Verfügung s. Arrest.

Einwendungen s. Zwangsvollstreckung.

Entlassung des Beklagten aus dem Rechtsstreit s. Rechtsstreit.

Entmündigung.[1])

1. Im landgerichtlichen Verfahren werden Gerichts- und Anwaltsgebühren nach den allgemeinen Grundsätzen liquidirt, nur daß, wenn der Kläger verhandelt, auch für eine nicht kontradiktorische Verhand-

---

[1]) D. h. die Entziehung der bürgerlichen Selbständigkeit wegen Geisteskrankheit — Wahnsinns, Blödsinns u. s. w. — oder wegen Verschwendung.

lung stets die volle Gebühr (nicht $^{5}/_{10}$) zum Ansatz kommt (Nr. 81a Note und 105b).

2. Soweit die Amtsgerichte zuständig sind, werden an Gerichtsgebühren für jede Entscheidung über Anträge auf Entmündigung oder Wiederaufhebung einer Entmündigung einschließlich des Verfahrens $^{3}/_{10}$ der Normalgebühr (Tab. III Spalte 4) erhoben[1]); Anwaltsgebühren wie gewöhnlich.

Hinsichtlich der Gebühren für das Verfahren wegen Bestellung eines Vertreters des Entmündigten bei der Anfechtungs- oder Wiederaufhebungsklage s. Vertreter. Wegen der Werthsberechnung s. Nr. 94.

Entscheidung des beauftragten oder ersuchten Richters[2]) oder des Gerichtsschreibers.

1. Dem Rechtsanwalt stehen $^{3}/_{10}$ der Gebühren der Nr. 105, 106 (Tab. VII Spalte 3) zu, wenn seine Thätigkeit sich auf ein Verfahren beschränkt, welches die Aenderung einer Entscheidung des beauftragten oder ersuchten Richters oder des Gerichtsschreibers betrifft.[3]) Dieses Verfahren wird dagegen nicht besonders vergütet, sondern zur Instanz gerechnet, wenn der Rechtsanwalt zur Führung des Prozesses bevollmächtigt ist, s. Nr. 121 Nr. 5.

Die Beschwerde gegen die Entscheidung, welche auf den oben bezeichneten Antrag ergeht, giebt wiederum als solche besonders Anlaß zur Gebührenerhebung. Für die Fälle der sofortigen Beschwerde werden allerdings, wenn das Prozeßgericht den vorerwähnten Antrag, ohne demselben zu entsprechen, dem Beschwerdegerichte vorlegt, sofern bis dahin die Thätigkeit des

---

[1]) G.-K.-G. § 34 Nr. 1. [2]) „Beauftragter Richter" bedeutet ein Mitglied des Prozeßgerichts, welches von diesem den Auftrag zu einzelnen Prozeßhandlungen (insbesondere zu Beweisaufnahmen und zur Vorbereitung in Rechnungssachen) erhalten hat; „ersuchter Richter" ein anderes Gericht, und zwar stets ein Amtsgericht.

[3]) A.-G.-O. § 41 Nr. 2.

Rechtsanwalts nach Einreichung des Antrags nicht weiter in Anspruch genommen worden ist, dann nur die Gebühren für die Beschwerde liquidirt werden können.

2. Gerichtsgebühren kommen hier wie bei Beschwerden (s. diese Pos.) zum Ansatz.

Ergänzung eines Urtheils gehört zur Instanz, in welcher das Urtheil ergangen ist und unterliegt somit dem Prinzip der Nr. 90, 118 bezw. 89.

An Gerichtsgebühren kommen aber, soweit der Antrag zurückgewiesen wird, stets $^{5}/_{10}$ der Gebühren der Nr. 81—84 (Tab. III Spalte 5) zum Ansatz; anderenfalls kann nur Nr. 89 anwendbar werden.[1])

Erledigung eines bedingten Urtheils.

1. Tritt der Rechtsanwalt — als Prozeßbevollmächtigter — erst nach Erlaß eines bedingten Urtheils ein und hat seine Vertretung ausschließlich die Erledigung desselben zum Gegenstand, d. h. die Vertretung in dem Termin zur Leistung des auferlegten Eides und zu der vor Erlassung des s. g. Läuterungsurtheils etwa noch stattfindenden mündlichen Verhandlung, so erhält er, gleichviel ob der Eid geleistet wird oder nicht,

die Prozeßgebühr zur Hälfte, daneben aber die ihm sonst etwa zustehenden anderen Gebühren der Nr. 105, 106.[2])

Dementsprechend ist auch die Gebühr für die Wahrnehmung eines einzelnen Eidesleistungs- bezw. Beweisaufnahme-Termins normirt; s. Vertretung. Vgl. auch betreffs der Verhandlungsgebühr Nr. 105b letzten Absatz.

2. Wegen der Gerichtsgebühren s. Nr. 84.

Festsetzung zu erstattender Kosten s. Kostenerstattung.

Geld-Erhebung und Ablieferung.

---

[1]) G.-K.-G. § 29. [2]) A.-G.-O. § 21.

Die folgende Gebühr kommt stets besonders auch neben anderen Gebühren zum Ansatz.

Für Erhebung und Ablieferung von Geldern[1]) erhält der Rechtsanwalt ohne Rücksicht auf die Zahl der zu erhebenden Posten eine Gebühr:

von 1 Mark für jedes angefangene Hundert des Betrages bis 1000 Mark;

von 50 Pfennig für jedes angefangene Hundert des weiteren Betrages bis 10 000 Mark;

von 25 Pfennig für jedes angefangene Hundert des Mehrbetrages. (Tabelle XI.)

Hat jedoch der Rechtsanwalt eine Summe in verschiedenen Theilen, z. B. von verschiedenen Personen erhoben, aber zusammen abgeliefert, oder einen gleichzeitig erhobenen Gesammtbetrag in verschiedenen Theilen, z. B. an verschiedene Personen abgeliefert, so ist die Gebühr für jeden Theil besonders zu liquidiren.

Für Erhebung und Ablieferung von Werthpapieren erhält der Rechtsanwalt nach Maßgabe des Werthes — also bei Papieren, welche einen Kurs haben, nach diesem — die Hälfte der vorstehenden Gebühren.

Die Gebühr für Erhebung und Ablieferung von Geldern kann von diesen bei der Ablieferung entnommen werden.[2])

Das Verhältniß zwischen Mandat und Anwalt regelt sich nach den partikularrechtlichen Bestimmungen über Mandat auch bezüglich des Retentionsrechts.

Die Anwaltsgebühren für Gelderhebung vom Auftraggeber behufs Zahlung von Vorschüssen, Sicherheitsleistung u. dgl. können vom Gegner nicht erstattet verlangt werden (s. vorn Nr. 65).

Gerichsschreiber s. a. Kostentragung.

1. Der Rechtsanwalt erhält, soweit sich seine Thätig-

---

[1]) Unter „Gelder" werden hier auch die im Verkehr allgemein wie „Geld" behandelten und als Zahlungsmittel dienenden Werthzeichen (Papiergeld) zu verstehen sein. [2]) A.-G.-O. § 87.

keit ausschließlich auf die Ablehnung eines Gerichtsschreibers bezieht, 3/10 der Gebühren der Nr. 105, 106 (Tabelle VII Spalte 3 — auch im Urkunden- und Wechselprozeß).

Der für die Hauptsache zum Prozeßbevollmächtigten bestellte Rechtsanwalt kann jedoch diese Gebühr neben seinen Gebühren für die Instanz nicht besonders liquidiren; vgl. Nr. 121 Z. 6.

2. Gerichtsgebühren können — und zwar zu 3/10 der Normalgebühr (Tab. III Spalte 4) — nur dann erhoben werden, wenn das Verfahren muthwillig veranlaßt worden ist.[1])

Gerichtsvollzieher s. auch Kostentragung u. Anhang II.

Der Rechtsanwalt erhält, soweit sich seine Thätigkeit ausschließlich auf die Bestimmung eines Gerichtsvollziehers für die Pfändung bereits gepfändeter Sachen oder zur Empfangnahme einer für die Befriedigung mehrerer Gläubiger bestimmten Sache erstreckt, 3/10 der Gebühren der Nr. 105, 106 (Tab. VII Spalte 3 — auch im Urkunden- und Wechselprozeß).[2])

Der für die Hauptsache zum Prozeßbevollmächtigten bestellte Rechtsanwalt kann jedoch diese Gebühren neben seinen Gebühren für die Instanz nicht besonders erheben; vgl. Nr. 121 Z. 6.

Gesuche s. Schriftsätze.

Gutachten s. a. Rath und Korrespondenzmandatar.

Ueber die Verweigerung der Abgabe eines Gutachtens durch Sachverständige s. Zeugen.

Für die Ausarbeitung eines Gutachtens mit juristischer Begründung hat der Rechtsanwalt angemessene Vergütung zu beanspruchen. Ueber die Höhe der Vergütung wird im Falle der Beanstandung im Prozeßwege nach eingeholtem Gutachten des Vorstandes der Anwaltskammer entschieden.[3])

---

[1]) G.-K.-G. § 47 Nr. 4 und Abs. 2 und A.-G.-O. § 23.
[2]) G.-K.-G. § 47 Nr. 3 und A.-G.-O. § 23. [3]) A.-G.-O. § 88.

Auch der Prozeßbevollmächtigte wird für ein derartiges Gutachten, welches er im Laufe des Prozesses auf Verlangen seines Vollmachtgebers ausarbeitet, diese besondere Gebühr fordern können, da die Prozeßgebühr die Vergütung für eine solche ausnahmsweise Arbeit zu gewähren nicht bestimmt ist. Von einer Erstattung dieser Gebühr einem Gegner gegenüber kann aber der Natur der Sache nach nicht die Rede sein. Zu unterscheiden davon ist der „Rath“, s. diesen.

Hauptintervention[1]) ist stets ein nach den allgemeinen Regeln voll zu vergütendes, besonderes Prozeßverfahren neben dem Hauptprozeß.

Informations-Ertheilung wird durch die Prozeßgebühr mitvergütet; s. a.: Korrespondenz-Mandatar.

Intervention s. Nebenintervention und Hauptintervention — s. g. Exekutions-Intervention nach bisherigem preußischen Recht — ist ein nach allgemeinen Grundsätzen voll zu vergütender, ordentlicher Prozeß.

Klagen s. Prozesse u. Zurücknahme.

Konferenz s. Rath.

Konkurs, Aufnahme für den Gemeinschuldner anhängiger Rechtsstreitigkeiten s. Aufnahme.

Konsultation s. Rath.

Korrespondenz-Mandatar.

Dem Rechtsanwalt, welcher lediglich den Verkehr der Partei mit dem Prozeßbevollmächtigten führt, steht eine Gebühr in Höhe der Prozeßgebühr zu. Er erhält nur $^{5}/_{10}$, wenn ihm in unterer Instanz dieselbe Gebühr oder die Prozeßgebühr selbst zustand. (Tab. III Spalte 1 bezw. 5.)

Die mit der Uebersendung der Akten an den Rechtsanwalt der höheren Instanz verbundenen gut-

[1]) Das Verfahren, wenn ein Dritter im Laufe eines Rechtsstreits den Gegenstand desselben durch Erhebung der Klage gegen die beiden Parteien in Anspruch nimmt.

achtlichen Aeußerungen dienen nicht zur Begründung dieser Gebühr, wenn nicht zu denselben — sei es mündlich oder schriftlich — Auftrag ertheilt war.[1])

Inwieweit diese Gebühr vom Gegner zu erstatten, darüber s. Nr. 71.

Kosten. Ueber die Einreden wegen der Kosten des früheren Verfahrens und wegen mangelnder Sicherheit für die Prozeßkosten s. prozeßhindernde Einreden.

Kostenerstattung bezw. **-Festsetzung.**

1. Der **Rechtsanwalt** erhält in allen Fällen $^3/_{10}$ der Gebühren der Nr. 105, 106 (Tab. VII Spalte 3 — auch im Urkunden- und Wechselprozeß), wenn seine Thätigkeit die Festsetzung der vom Gegner zu erstattenden Prozeßkosten betrifft.

2. An **Gerichtsgebühren** wird stets für jede Entscheidung, einschließlich des vorangegangenen Verfahrens, über Anträge auf Kostenfestsetzung $^1/_{10}$ der Normalgebühr (Tab. III Spalte 2) erhoben.[2])

3. Als **Werthsgegenstand** kommt der Betrag, dessen Erstattung verlangt wird, in Betracht.

4. Die Kosten des Festsetzungsverfahrens werden nach den Regeln Nr. 15 ff. vertheilt; die Kostenvertheilung in der Hauptsache ist hier nicht maßgebend.

Kostentragung in Folge Verschuldens.

1. Der Rechtsanwalt erhält, soweit seine Thätigkeit **ausschließlich** die Verpflichtung eines Gerichtsschreibers, gesetzlichen Vertreters, Rechtsanwalts oder anderen Bevollmächtigten, sowie eines Gerichtsvollziehers zur Tragung der durch Verschulden derselben veranlaßten Kosten (Nr. 19) betrifft, $^3/_{10}$ der Gebühren der Nr. 105, 106 (Tab. VII Spalte 3 — auch im Urkunden- und Wechselprozeß).

Der für die Hauptsache zum Prozeßbevollmächtigten bestellte Rechtsanwalt kann jedoch diese Gebühren neben

---

[1]) A.-G.-O. § 44. [2]) G.-K.-G. § 38 Nr. 1 u. A.-G.-O. §§ 23, 30.

seinen Gebühren für die Instanz nicht besonders erheben. (Vgl. Nr. 121 Z. 6.)

2. **Gerichtsgebühren** können — und zwar zu $^{3}/_{10}$ der Normalgebühr (Tab. III Spalte 4) — nur dann erhoben werden, wenn das Verfahren muthwillig veranlaßt ist.)

Läuterungsurtheil s. Erledigung.

Legalisation s. Unterzeichnung.

Mahnverfahren.

1. Das Mahnverfahren gilt für die Gebührenerhebung als ein besonderes, von dem durch Widerspruch veranlaßten, weiteren ordentlichen Rechtsstreit getrenntes Verfahren.

2. Die Kosten desselben sind im Falle der rechtzeitigen Erhebung des Widerspruchs (also auch bei zulässigem Einspruch) als ein Theil der Kosten des entstehenden Rechtsstreits anzusehen[2]) und unterliegen danach dem allgemeinen Grundsatz der Nr. 90, 118.

3. An **Gerichtsgebühren** werden erhoben

a) $^{2}/_{10}$ der Normalgebühr (Tab. III Spalte 3) für die (gewährende oder abweisende) Entscheidung über das Gesuch um Erlassung des Zahlungsbefehls;

b) $^{1}/_{10}$ der Normalgebühr (Tab. III Spalte 2) für die Entscheidung um Erlassung des Vollstreckungsbefehls.

Durch den Widerspruch können keine Gebühren entstehen.

Wird ein Gesuch um Erlassung eines Zahlungsbefehls zurückgewiesen, weil der Zahlungsbefehl in Ansehung eines Theils des Anspruchs nicht erlassen werden kann, so ist die Gebühr nur nach dem Werthe dieses Theils zu berechnen.

Soweit die Kosten des Mahnverfahrens als Theil der Kosten eines entstehenden Rechtsstreits anzusehen

---

[1]) G.-K.-G. § 47 Nr. 5 und Abs. 2 und A.-G.-O. § 23.

[2]) C.-P.-O. § 638.

sind (zu 2), wird die erhobene Gebühr zu a auf die Gebühr des entstehenden Rechtsstreits angerechnet.[1])

Wegen der anzurechnenden Beträge steht dem Kläger ein Erstattungsanspruch gegenüber dem Beklagten zu, falls diesem demnächst die Kosten des Verfahrens zur Last fallen.

Bei Zurücknahme von Anträgen s. Pos. „Zurücknahme".

4. Der Rechtsanwalt erhält folgende Vergütungen:

a) $^3/_{10}$ der Normalgebühr (Tab. VII Spalte 3) für die Erwirkung des Zahlungsbefehls, einschließlich der Mittheilung des Widerspruchs an den Auftraggeber;

b) $^2/_{10}$ (Tab. VII Spalte 2) für die Erhebung des Widerspruchs;

c) $^2/_{10}$ (Tab. VII Spalte 2) für die Erwirkung des Vollstreckungsbefehls.

Die Gebühr zu b wird auf die in dem nachfolgenden Rechtsstreite ihm zustehende Prozeßgebühr und die Gebühr zu c auf die Gebühr für die nachfolgende Zwangsvollstreckung angerechnet.[2])

5. Weitere Gebühren können in dem folgenden Rechtsstreit erst entstehen, wenn zur Verhandlung geladen worden ist.

6. Im Fall einer Beschwerde tritt die Beschwerde-Gebühr — s. Position: „Beschwerde" — hinzu.

7. Der Werthsgegenstand des eine Einschränkung auf einen Theil des Anspruchs nicht enthaltenden Vollstreckungsbefehls ist derselbe, wie der des Zahlungsbefehls.

8. Vgl. auch die Position „Einspruch" Nr. 6.

Manualakten s. Akten.

Nebenintervention s. auch Rechtsstreit.

1. An Gerichtsgebühren werden für das durch Zwischenurtheil abschließende Verfahren über den Antrag

---

[1]) G.-K.-G. § 37. [2]) A.-G.-O. § 38.

auf Zurückweisung einer Nebenintervention[1]) bzw. Streitverkündung in allen Fällen für die bezüglichen Akte $^{3}/_{10}$ der Gebühren Nr. 81—84 (Tab. III Spalte 4) erhoben.[2])

2. Für die Gebühren der Anwälte gehören solche Zwischenstreite zur Instanz der Hauptsache[3]); es kann also, wenn solche im Laufe des Rechtsstreits in Frage kommen, für welchen derselbe Rechtsanwalt zum Prozeßbevollmächtigten ernannt ist, besondere Vergütung für dieses Verfahren nicht beansprucht werden, vielmehr findet dann der Grundsatz der Nr. 118 Anwendung.

Nur wenn die Vertretung ausschließlich einen Streit wegen Zulassung oder Zurückweisung eines Nebenintervenienten zum Gegenstande hat und mit Beendigung dieses Zwischenstreits auch die anwaltliche Thätigkeit abschließt, sind $^{3}/_{10}$ der Gebühren der Nr 105, 106 (Tab. VII Sp. 3 auch im Urkunden- und Wechselprozeß zu liquidiren.[4])

Dasselbe gilt für den Fall der Streitverkündung, wenn der Dritte dem Streitverkünder beitritt.

Hinsichtlich der Vertretung mehrerer Nebenintervenienten und Streitgenossen Nr. 115.

Nichtigkeitsklage s. Wiederaufnahme.

Offenbarungseid s. „Zwangsvollstreckung" Nr. 2 c u. f.

Der civilrechtlich gebotene Offenbarungseid wird hiervon nicht betroffen.

Parteien, deren persönliches Erscheinen vor Gericht s. Prozeßleitung.

Patentsachen.

Für den Gebührenansatz im Verfahren vor dem Patentamt und in der Berufungsinstanz vor dem Reichsgericht wegen Nichtigkeits-Er-

---

[1]) Nebenintervenient ist derjenige, welcher zur Unterstützung einer Partei, an deren Obsiegen er ein rechtliches Interesse hat, dem Rechtsstreite beitritt. [2]) G.-K.-G. § 27 Nr. 1. [3]) Nr. 121 Z. 2.

[4]) R.-G.-O. § 23.

klärung oder Zurücknahme eines Patents — Patentgesetz vom 25. Mai 1877 § 27 ff. (R.-G.-Bl. S. 507) und Verordnung, betreffend das Berufungs-Verfahren beim Reichs-Oberhandelsgericht in Patentsachen vom 1. Mai 1878 (R.-G.-Bl. S. 90), kommen die Regeln für bürgerliche Rechtsstreitigkeiten zur entsprechenden Anwendung.

Zu den Kosten des Verfahrens gehören auch diejenigen den Parteien erwachsenen Auslagen, welche nach freiem Ermessen des Gerichtshofes zur zweckentsprechenden Wahrung der Ansprüche und Rechte nothwendig waren (§ 10 d. Verord.).

Plaidoyer s. Nr. 111.

Prozeß.

Nach ihrem Gegenstande sondern sich einige Prozesse aus, für welche die Gebühren nicht in der aus Nr. 82, 106 ersichtlichen, vollen Höhe, sondern nur in geringerem Betrage zum Ansatz gelangen. Dieselben ergeben sich aus den Positionen: Urkundenprozeß, Wechselprozeß, Zwangsvollstreckung 2a und Vollstreckungsklausel Nr. 1.

(S. a. Nr. 85 u. 107.)

Prozeßfähigkeit.

1. Der Rechtsanwalt erhält $^{5}/_{10}$ der Gebühren der Nr. 105, 106 (Tab. VII Spalte 4 — auch im Urkunden- und Wechselprozeß), wenn seine Thätigkeit ausschließlich den Mangel der Prozeßfähigkeit, der Legitimation eines gesetzlichen Vertreters oder der erforderlichen Ermächtigung zur Prozeßführung betrifft, sei es, daß der Mangel durch Einrede geltend gemacht, sei es, daß er vom Gericht von Amtswegen berücksichtigt wird.[1])

2. Unter gleichen Verhältnissen sind an Gerichtsgebühren nur $^{5}/_{10}$ der Gebühren Nr. 81—84 (Tab. III Spalte 5) zu erheben.

---

[1]) G.-K.-G. § 26 Nr. 1 und 2 und A.-G.-O. § 20.

3. Hierbei ist aber das zu „prozeßhindernde Einreden“ Ausgeführte zu beachten (auch wegen eventl. Minderung der gerichtlichen Verhandlungsgebühr).

Prozeßführung, Mangel der Ermächtigung s. Prozeßfähigkeit.

Prozeßhindernde Einreden,
nämlich nach C.-P.-O. § 247 nur folgende:
a) die Einrede der Unzuständigkeit des Gerichts,
b) die Einrede der Unzulässigkeit des Rechtswegs,[1])
c) die Einrede der Rechtshängigkeit,
d) die Einrede der mangelnden Sicherheit für die Prozeßkosten,
e) die Einrede, daß die zur Erneuerung des Rechtsstreits erforderliche Erstattung der Kosten des früheren Verfahrens noch nicht erfolgt sei,
f) die Einrede der mangelnden Prozeßfähigkeit oder der mangelnden gesetzlichen Vertretung.

1. Für Akte, welche ausschließlich solche Einreden betreffen, werden an Gerichtsgebühren erhoben
[illegible]/10 der Gebühren der Nr. 81—84 (Tab. III Spalte 5 — auch im Urkunden und Wechselprozeß).[2])

Ist der Kläger abgewiesen, so werden aber auch für eine Verhandlung zur Hauptsache nur [illegible]/10 der Gebühr erhoben, sofern die Entscheidung auf diese Verhandlung ergangen ist.

2. Ebenso erhält der Rechtsanwalt, sofern seine Thätigkeit ausschließlich solche Einreden betrifft,
[illegible]/10 der Gebühren der Nr. 105, 106 (Tab. VII Spalte 4 — auch im Urkunden- und Wechselprozeß).[2])

3. Ein Gebührenansatz tritt z. B. ein, wenn durch die Zulassung einer prozeßhindernden Einrede die

[1]) Nicht wegen Schiedsvertrages oder Einrede der Unzulässigkeit der Widerklage wegen mangelnder Konnexität.

[2]) G.-K.-G § 26 Nr 1 u. Abs. 2 und A.-G.-O. § 20.

weitere Verhandlung über die bezügliche Hauptsache abgeschnitten, oder wenn unmittelbar nach der gerichtlichen Entscheidung über eine solche Einrede das Verfahren über die Hauptsache durch Zurücknahme der Klage u. s. w. eingestellt wird, oder die Thätigkeit des Rechtsanwalts abschließt; oder auch in der Berufungs-Instanz, wenn nur gegen die gerichtliche Entscheidung über eine prozeßhindernde Einrede Berufung eingelegt worden ist; desgleichen in der Revisions-Instanz im Falle des § 509 Nr. 1 der C.-P.-O.

Soweit dagegen in dem Verfahren über die Hauptsache Gebühren entstehen oder entstanden sind, kann nach Maßgabe der Nr. 90, 118 daneben nicht noch eine gleichartige Gebühr für das Verfahren über prozeßhindernde Einreden hinsichtlich desselben Gegenstandes erhoben werden, da letzteres Verfahren mit dem Verfahren über die Hauptsache zusammen nur eine Instanz bildet.

Dasselbe gilt bei Anwendung des Grundsatzes der Nr. 92a, 120, wenn das eine prozeßhindernde Einrede verwerfende Urtheil I. Instanz in der Berufungsinstanz abgeändert und sodann die Sache in die I. Instanz zurückverwiesen wird.

Beispiel: a) In einem Rechtsstreite über 1000 Mk. wird unmittelbar, nachdem der Rechtsanwalt des Klägers die Klage vorgetragen hat, vom Rechtsanwalt des Beklagten vor Eintritt desselben in die mündliche Verhandlung zur Hauptsache die prozeßhindernde Einrede der mangelnden Prozeßfähigkeit erhoben und darüber abgesondert kontradiktorisch verhandelt. Die Einrede wird durch gerichtliche Entscheidung als begründet erachtet, und zugleich Kläger mit der Klage zurückgewiesen. In diesem Falle wird den Rechtsanwälten beider Parteien, da sich durch die vorbereitenden Schriftsätze u. s. w. ihre Thätigkeit auf den Betrieb der Hauptsache erstreckt hat, die volle Prozeßgebühr mit 28 Mk.

zustehen. An Verhandlungsgebühr dürfen die Rechtsanwälte jedoch nur die Hälfte, also 14 Mk. liquidiren.[1])

An Gerichtsgebühren kann hier nur die Entscheidungsgebühr und Verhandlungsgebühr zu $^{5}/_{10}$ (Tab. III Spalte 5) mit je 22 Mk. angesetzt werden.

b) Ist aber in demselben Falle die Einrede erst nach dem Beginn der mündlichen Verhandlung des Beklagten zur Hauptsache von diesem geltend gemacht, so wird von den Rechtsanwälten beider Parteien die volle Prozeßgebühr und, soweit bereits widersprechende Anträge gestellt waren, die volle, sonst die halbe Verhandlungsgebühr unter Beachtung der Regeln Nr. 89, 90, 118 liquidirt.

An Gerichtsgebühren würde hier nur dasselbe wie zu a erhoben werden können.

4. Das Werthsobjekt bestimmt sich nach dem durch die Klage zum Streitgegenstand gemachten klägerischen Anspruch.

Prozeßkosten s. Kosten.

Prozeßleitung.

1. Gerichtsgebühren werden für die Verhandlung und Entscheidung über die Prozeß- oder Sachleitung, einschließlich der Bestimmung oder Aenderung von Terminen und Fristen, nicht erhoben.

2. Der Rechtsanwalt kann jedoch, soweit sich seine Thätigkeit ausschließlich darauf erstreckt, $^{3}/_{10}$ der Gebühren der Nr. 105, 106 (Tab. VII Spalte 3 — auch im Urkunden- und Wechselprozeß) liquidiren.[2])

---

[1]) Bei dem klägerischen Anwalt, der durch Vortrag der Klage bereits auf die Hauptsache eingegangen ist, wird die Gebühr hier als Gebühr für nicht kontradiktorische Verhandlung zur Hauptsache gelten können, durch welche die gleich hohe Gebühr für die kontradiktorische Verhandlung der Einreden absorbirt wird.

[2]) G.-K.-G. § 47 Nr. 1 und A.-G.-O. § 23.

Der für die Hauptsache zum Prozeßbevollmächtigten bestellte Rechtsanwalt darf aber diese Gebühren neben seinen Gebühren für die Instanz nicht besonders liquidiren (vgl. Nr. 121 Z. 6).

Zur Prozeß- und Sachleitung gehören auch u. A.: die Unterbrechung oder Aussetzung des Verfahrens, die Art und Weise der Zustellung, die Trennung oder Verbindung der Verhandlung über mehrere Ansprüche, die Vorforderung der Parteien zum persönlichen Erscheinen vor Gericht und die zur Durchführung dieser Anordnung gegen eine Partei in Ehesachen zulässigen Zwangsmaßregeln.

Purifikatoria s. Erledigung.

Rath s. a. Gutachten und Nr. 105 a.

1. Für einen ertheilten Rath erhält der nicht zum Prozeßbevollmächtigten bestellte Rechtsanwalt eine Gebühr von 3/10 der Prozeßgebühr (Tab. VII Spalte 3 — auch im Urkunden- und Wechselprozeß).

   Würde jedoch, falls der Rath von einem Prozeßbevollmächtigten ertheilt wäre, die dem letzteren in der betreffenden Instanz zustehende Prozeßgebühr eine geringere sein, so kann auch von dem nicht zum Prozeßbevollmächtigten bestellten Rechtsanwalt nach Maßgabe der Nr. 112 nur der niedrigere Betrag liquidirt werden.

2. Eine Gebühr in Höhe von 5/10 der Prozeßgebühr steht dem mit Einlegung der Berufung oder der Revision beauftragten Rechtsanwalt zu, wenn derselbe von der Einlegung abräth — auch wenn der Rath nicht verlangt war — und der Auftraggeber demzufolge seinen Auftrag zurücknimmt.[1])

   (Tab. VII Spalte 4 — auch im Urkunden- und Wechselprozeß.)

---

[1] A.-G.-O. § 47. Die Gebühr in Absatz 2 wird nur der bei dem zuständigen Gerichte zugelassene Anwalt liquidiren können.

Rechtsanwalt s. a. Kostentragung,
über dessen eigene Angelegenheiten s. Nr. 72.

1. Der Rechtsanwalt erhält, soweit seine Thätigkeit ausschließlich die Verpflichtung eines Rechtsanwalts zur Rückgabe einer vom Gegner ihm mitgetheilten Urkunde betrifft, $^{3}/_{10}$ der Gebühren der Nr. 105, 106 (Tab. VII Spalte 3 — auch im Urkunden- und Wechselprozeß).

Der für die Hauptsache zum Prozeßbevollmächtigten bestellte Rechtsanwalt kann jedoch diese Gebühr neben seinen Gebühren für die Instanz nicht besonders erheben (vgl. Nr 121 Z. 6).

2. Gerichtsgebühren können — und zwar zu $^{3}/_{10}$ der Normalgebühr (Tab. III Spalte 4) — nur dann erhoben werden, wenn das Verfahren muthwillig veranlaßt ist.[1])

Rechtsausführung s. Nr. 111 und Gutachten.

Rechtshängigkeit, Einrede, s. prozeßhindernde Einrede.

Rechtsmittel s. Berufung, Revision, Beschwerde.

Rechtsnachfolger s. Rechtsstreit.

Rechtsstreit, Betheiligung Dritter — s. a. Nebenintervention.

1. Der Rechtsanwalt erhält $^{5}/_{10}$ der Gebühren der Nr. 105, 106 (Tab. VII Spalte 4 — auch im Urkunden und Wechselprozeß), soweit seine Thätigkeit ausschließlich betrifft:

1) die Entlassung des Beklagten aus dem Rechtsstreite im Wege der Streitverkündung entweder an einen Dritten, welcher die geltend gemachte Forderung für sich in Anspruch nimmt, oder an den Auktor, d. h. denjenigen, in dessen Namen er die eingeklagte Sache inne hat,

oder

2) die Uebernahme des Rechtsstreits durch den Rechtsnachfolger, wenn zwischen dem

---

[1]) G.-K.-G. § 47 Nr. 6 u. Abs. 2 und A.-G.-O. § 23.

Besitzer eines Grundstücks und einem Dritten ein Rechtsstreit über eine Berechtigung, welche für das Grundstück in Anspruch genommen wird, oder über eine Verpflichtung, welche auf demselben lasten soll, schwebt und das Grundstück während des Rechtsstreits veräußert wird.[1])

2. An **Gerichtsgebühren** sind hier unter gleichen Verhältnissen nur $^{5}/_{10}$ der Gebühren der Nr. 81—84 (Tab. III Spalte 5) zu erheben.

3. Auch hier findet das bei „prozeßhindernde Einreden" Ausgeführte entsprechende Anwendung.

Rechtsweg s. Unzulässigkeit und Berufung Nr. 4.

Restitutionsklage s. Wiederaufnahme.

Revision.

1. Die **Gerichtsgebührensätze** erhöhen sich in der Revisionsinstanz gemäß Nr. 86 um die Hälfte (Tab. V).

Für die bei dem Reichsgericht zugelassenen **Rechtsanwälte** erhöhen sich die Gebührensätze in der Revisionsinstanz gemäß Nr. 108 um drei Zehntheile (Tab. VIII).

2. Der **Rechtsanwalt** erhält $^{5}/_{10}$ der Gebühren der Nr. 105, 106 (Tab. VIII Spalte 4 — auch im Urkunden- und Wechselprozeß), wenn seine Thätigkeit **ausschließlich** betrifft:[2])

a. die **Zulässigkeit** der Revision oder die **Zurücknahme** derselben (d. h. Feststellung der Wirkungen der Zurücknahme).

Hierbei finden die Ausführungen bei „prozeßhindernde Einrede" entsprechende Anwendung.

oder

b. die gegen ein **Versäumnißurtheil** eingelegte Revision.[3])

---

[1]) G.-K.-G. § 26 Nr. 3 und A.-G.-O. § 20. [2]) G.-K.-G. § 26 Nr. 5 und 6 und A.-G.-O. § 20. [3]) Nämlich, wenn dieselbe darauf gestützt wird, daß der Fall der Versäumniß nicht vorgelegen habe.

3. An Gerichtsgebühren sind in beiden Fällen zu 2 nur 5/10 der Gebühren Nr. 81—84 (Tab. V Spalte 4) zu erheben.[1])

Ist zu a die Revision als unzulässig verworfen, so werden aber auch für eine Verhandlung zur Hauptsache nur 5/10 der Gebühr erhoben, sofern die Entscheidung auf die Verhandlung ergangen ist.

4. Eine Gebühr in Höhe von 5/10 der Prozeßgebühr steht dem mit Einlegung der Revision beauftragten Rechtsanwalte zu, wenn derselbe von der Einlegung abräth — auch wenn der Rath nicht verlangt war — und der Auftraggeber demzufolge seinen Auftrag zurücknimmt.[2])

(Tab. VIII Spalte 4.)

Richter.

1. Der Rechtsanwalt erhält, soweit seine Thätigkeit ausschließlich die Ablehnung eines Richters betrifft, 3/10 der Gebühren der Nr. 105, 106 (Tab. VII Spalte 3 — auch im Urkunden- und Wechselprozeß).

Der für die Hauptsache zum Prozeßbevollmächtigten bestellte Rechtsanwalt kann dagegen diese Gebühr neben seinen Gebühren für die Instanz nicht besonders erheben. (Vgl. Nr. 121 Z. 6.)

2. Gerichtsgebühren können — und zwar zu 3/10 der Normalgebühr (Tab. III Spalte 4) — nur dann erhoben werden, wenn das Verfahren muthwillig veranlaßt worden ist.[3])

Sachleitung s. Prozeßleitung.

Sachverständige.

Verweigerung des Gutachtens s. Zeugen.

1. Der Rechtsanwalt erhält, soweit seine Thätigkeit ausschließlich die Ablehnung eines Sachverständigen betrifft, 3/10 der Gebühren der Nr. 105, 106

---

[1]) G.-K.-G. § 26 Nr. 5, 6 u. Abs. 2 und A.-G.-O. § 20. [2]) A.-G.-O. § 47. [3]) G.-K.-G. § 47 Nr. 4 u. Abs. 2 und A.-G.-O. § 23.

(Tab VII Spalte 3 — auch im Urkunden- und Wechselprozeß).[1])

Der zum Prozeßbevollmächtigten bestellte Rechtsanwalt kann dagegen diese Gebühr **neben** seinen Gebühren für die Instanz **nicht besonders** erheben. (Vgl. Nr. 121 Z. 6.)

2. **Gerichtsgebühren** wie bei Pos. „**Richter**".

Schiedsrichterliches Verfahren.

1. Hinsichtlich der Gebühren für die Thätigkeit des **Rechtsanwalts** im schiedsrichterlichen Verfahren finden die allgemeinen Regeln über die Rechtsanwaltsgebühren Anwendung. Für die Berechnung der Gebühren des im schiedsrichterlichen Verfahren als Prozeßbevollmächtigten bestellten Rechtsanwalts gilt aber das gerichtliche Verfahren in dem Falle zu 2b als zum schiedsrichterlichen Verfahren gehörig.[2])
2. Im **gerichtlichen** Verfahren erhält der **Rechtsanwalt**
   a. wenn seine Thätigkeit **ausschließlich** die Ernennung oder Ablehnung eines Schiedsrichters, das Erlöschen eines Schiedsvertrags, die Unzulässigkeit des schiedsrichterlichen Verfahrens oder die Aufhebung eines Schiedsspruchs zum Gegenstande hat, $^{5}/_{10}$ der Gebühren der Nr. 105, 106 (Tab. VII Spalte 4),[3])
   b. wenn seine Thätigkeit die Anordnung der von Schiedsrichtern für erforderlich erachteten richterlichen Handlungen betrifft, die Prozeß- und die Verhandlungsgebühr beide nur zu $^{5}/_{10}$ (letztere natürlich **nur**, wenn mündliche Verhandlung über den Antrag stattgefunden hat); **daneben** für die Vertretung bei der **Beweisaufnahme** die Beweisgebühr.[4])

[1]) G.-K.-G. § 47 Nr. 4 und A.-G.-O. § 23. [2]) A.-G.-O. § 91.
[3]) G.-K.-G. § 26 Nr. 10 und A.-G.-O. § 20. [4]) A.-G.-O. § 22 und G.-K.-G. § 34 Nr. 2.

3. An Gerichtsgebühren sind in gleichen Fällen zu erheben:

zu a $^{5}/_{10}$ der Gebühren der Nr. 81—84 (Tab. III Spalte 5);

zu b für jede Entscheidung einschließlich des Verfahrens $^{3}/_{10}$ der Normalgebühr (Tab. III Spalte 4).

4. Ueber die Zulassung der Zwangsvollstreckung aus einem Schiedsspruche s. Zwangsvollstreckung Nr. 2a.

Schriftsatz, s. a. Gutachten.

Beschränkt sich die Thätigkeit des Rechtsanwalts auf die Anfertigung eines Schriftsatzes, so erhält er eine Gebühr in Höhe von $^{5}/_{10}$ der Prozeßgebühr[1]) (Tab. VII Spalte 4).

Würde jedoch im Falle, daß die gleiche Thätigkeit von einem Prozeßbevollmächtigten geleistet wird, die demselben zustehende Prozeßgebühr eine geringere sein, wie z. B. bei Beschwerden oder Nebeninterventionen, so kann auch der lediglich mit einem solchen Geschäfte betraute Rechtsanwalt nach Nr. 112, 113 nur die entsprechend geringere Gebühr liquidiren.

Für Unterzeichnung eines Schriftsatzes erhält der Rechtsanwalt die gleichen Gebühren, wie für Anfertigung desselben.[2])

Unter Schriftsätzen im Sinne der Anwaltsgebührenordnung sind übrigens nicht nur diejenigen Schriften zu verstehen, welche in der Civilprozeßordnung ausdrücklich als solche bezeichnet werden, sondern alle schriftliche Anträge und Gesuche, welche bei Gericht gestellt werden (s. a. Prozeßgebühr Nr. 105a).

Sequester.

1. Der Rechtsanwalt erhält, soweit seine Thätigkeit ausschließlich die Bestimmung eines Sequesters zur Verwaltung einer unbeweglichen Sache betrifft, $^{3}/_{10}$ der Gebühren der Nr. 105, 106[3]) (Tab. VII Spalte 3).

---

[1]) A.-G.-O. § 46. [2]) A.-G.-O. § 5. [3]) G.-K.-G. § 47 Nr. 3 und A.-G.-O. § 23.

Der zum Prozeßbevollmächtigten bestellte Rechtsanwalt kann jedoch diese Gebühr neben seinen Gebühren für die Instanz nicht besonders erheben. (Vgl. Nr. 121 Z. 6.)

2. Gerichtsgebühren können in solcher Sache nicht entstehen.

Sequestration, unterliegt als ein durch die Landesgesetzgebung zu regelndes Verfahren nicht der reichsgesetzlich geordneten Gebührenerhebung.

Sicherheit für Prozeßkosten, Einrede s. prozeßhindernde Einreden.

Sicherung des Beweises.

1. An Gerichtsgebühren werden für jede Entscheidung, einschließlich des Verfahrens, über Anträge auf Sicherung des Beweises $^{3}/_{10}$ der Normalgebühr (Tab. III Spalte 4) und wenn eine Beweisaufnahme stattfindet $^{5}/_{10}$ (Spalte 5) erhoben.[1])

2. Hinsichtlich der Anwaltsgebühren gehört das Verfahren, wenn die Hauptsache anhängig ist, zur Instanz und es findet das Prinzip der Nr. 118 Anwendung. Ist die Hauptsache aber noch nicht anhängig, so werden besonders Gebühren erhoben, ohne Anrechnung auf die Gebühren, welche dem Rechtsanwalt etwa später bei Führung des Hauptprozesses zustehen, und zwar erhält der Rechtsanwalt, wenn seine Thätigkeit Anträge auf Sicherung des Beweises betrifft:

die Prozeßgebühr und die Verhandlungsgebühr beide nur zu $^{5}/_{10}$ (die letztere Gebühr natürlich nur, wenn mündliche Verhandlung stattgefunden hat),

für die Vertretung bei der Beweisaufnahme aber die Beweisgebühr.[2])

(Tab. IX, X.)

---

[1]) G.-K.-G. § 36. [2]) A.-G.-O. §§ 22, 30 und 29 Nr. 3.

Hinsichtlich der Gebühren für das Verfahren wegen Bestellung eines Vertreters des unbekannten Gegners s. Vertreter.

Streitverkündung s. Rechtsstreit und Nebenintervention.

Sühneverfahren.

1. Der Rechtsanwalt erhält für die Mitwirkung bei einem der Klage vorausgehenden Sühneverfahren, wenn es sich nämlich handelt

a) um den Sühneversuch, zu welchem Jeder, der eine Klage anzustellen beabsichtigt, den Gegner vor das Amtsgericht laden kann (s. Nr. 8),

oder

b) um den Sühneversuch in Ehesachen, zu welchem der Kläger vor Erhebung seiner Klage den Beklagten laden muß,

auch wenn der Gegner in dem anberaumten Termine nicht erscheint, $^{3}/_{10}$ der Normalgebühr[1]) (Tab. VII Spalte 3).

Diese Gebühr wird im Falle der Verhandlung des Rechtsstreits vor dem Amtsgericht auf die Prozeßgebühr angerechnet.

Ist aber im Falle zu a unter der Mitwirkung des Rechtsanwalts ein Vergleich geschlossen, so erhält er die vollen Sätze der Normalgebühr an Stelle der obigen Gebühr.

Die Thätigkeit eines Rechtsanwalts zur Herbeiführung eines Vergleichs in einer noch nicht anhängigen Sache außerhalb der Fälle zu a und b im außergerichtlichen Wege ist dann, wenn der Auftrag auf Herbeiführung eines Vergleichs gerichtet ist, nach der für den Bundesstaat, in welchem der Anwalt seinen Wohnsitz hat, bestehenden Landestaxordnung zu liquidiren und zu honoriren. Das Gleiche gilt bezüglich eines vom Rechtsanwalt vermittelten, außergericht-

[1]) A.-G.-O. § 37.

lichen Arrangements zur Abwendung eines Konkursantrages.

2. An Gerichtsgebühren werden für einen Sühnetermin (zu a oben) einschl. des in demselben etwa aufgenommenen Vergleichs $^3/_{10}$ der Normalgebühr (Tab. III Spalte 4) erhoben. Die Gebühr wird, wenn der Gegner des Ladenden nicht erschienen oder der Sühneversuch erfolglos geblieben ist, auf die Gebühren eines entstehenden Rechtstreits angerechnet.[1]) Andere Sühneversuche sind gebührenfrei.

Termin, Vertretung in demselben, s. Vertretung,
wegen Terminsänderung s. Prozeßleitung.

Trennung der Verhandlung s. Prozeßleitung.

Unterbrechung des Verfahrens s. Prozeßleitung.

Unterzeichnung eines Schriftsatzes s. Schriftsatz.

Unzulässigkeit des Rechtsweges.

1. Der Rechtsanwalt erhält $^5/_{10}$ der Gebühren der Nr. 105, 106 (Tab. VII Spalte 4 — auch im Urkunden- und Wechselprozeß), wenn seine Thätigkeit ausschließlich die Unzulässigkeit des Rechtsweges betrifft, sei es, daß die letztere durch Einrede geltend gemacht, sei es, daß sie auf Grund des G.-V.-G. § 17 Abs. 1 vom Gerichte von Amtswegen berücksichtigt wird.

2. Unter gleichen Verhältnissen sind an Gerichtsgebühren nur $^5/_{10}$ der Gebühren Nr. 81—84 (Tab. III Spalte 5) zu erheben.[2])

3. Hierbei ist das zu „prozeßhindernde Einreden" Ausgeführte zu beachten — auch wegen eventl. Minderung der gerichtlichen Verhandlungsgebühr.

Unzuständigkeit des Gerichts s. a. zuständiges Gericht.

1. Der Rechtsanwalt erhält $^5/_{10}$ der Gebühren der Nr. 105, 106 (Tab. VII Spalte 4 — auch im Urkunden- und Wechselprozeß), wenn seine Thätigkeit ausschließlich die Unzuständigkeit des Gerichts betrifft, sei es, daß letztere durch Einrede geltend ge-

---

[1]) G.-K.-G. § 41. [2]) G.-K.-G. § 26 Nr. 1 u. 2 u. A.-G.-O. § 20.

macht, oder daß sie im Falle einer Vereinbarung der Parteien — Prorogation — durch das Gericht von Amtswegen berücksichtigt wird.

2. Unter gleichen Verhältnissen sind an Gerichtsgebühren nur 5/10 der Gebühren Nr. 81—84 (Tab. III Spalte 5) zu erheben.[1])

Auf den Fall der Nr. 92a (§ 467 C.-P.-O.) findet dies nicht Anwendung.

3. Hierbei ist das unter „prozeßhindernde Einrede“ Ausgeführte zu beachten (auch wegen eventl. Minderung der gerichtlichen Verhandlungsgebühr).

Urkunden, Zurückgabe durch Rechtsanwalt s. Rechtsanwalt.

Urkundenprozeß s. Erläuterung Nr. 4 zum Tarif.

1. Im Urkundenprozeß werden die Gerichtsgebühren nur in Höhe von 6/10 der gewöhnlichen Gebührensätze erhoben[2]) (Tab. VI).

2. Ebenso erhält der zum Prozeßbevollmächtigten bestellte Rechtsanwalt für die Vertretung im Urkundenprozeß 6/10 der gewöhnlichen Gebührensätze[3]) (Tab. X).

3. Das ordentliche Verfahren, welches nach der Abstandnahme vom Urkundenprozesse, sowie nach dem mit Vorbehalt in demselben erlassenen Urtheil anhängig bleibt, gilt für die Berechnung der Gebühren als besonderer Rechtsstreit; der Rechtsanwalt muß sich jedoch die Prozeßgebühr des Urkundenprozesses auf die gleiche Gebühr des ordentlichen Verfahrens anrechnen.[4])

Urtheil, bedingtes, s. Erledigung u. Nr. 84.

Urtheils-Berichtigung s. Berichtigung.

Vergleich s. Sühneverfahren und Nr. 83, 105c.

Verhandlung, Trennung und Verbindung s. Prozeßleitung.

Verkehr zwischen Partei und Rechtsanwalt s. „Korrespondenz-Mandatar“.

---

[1]) G.-K.-G. § 26 Nr. 1 und 2 und A.-G.-O. § 20. [2]) G.-K.-G. § 25. [3]) A.-G.-O. § 19. [4]) G.-K.-G. § 33, A.-G.-O. § 28.

Versäumniß s. Einspruch und Nr. 18 (Strafgebühr).

Vertheilungsverfahren.[1])

1. An Gerichtsgebühren werden für das Vertheilungsverfahren $^{5}/_{10}$ und, falls der Auftrag vor dem Termine zur Ausführung der Vertheilung erledigt wird, $^{3}/_{10}$ der Normalgebühr (Tab. III Spalte 5 bezw. 4) erhoben.[2])

2. Ebenso stehen dem Rechtsanwalte für die Vertretung im Vertheilungsverfahren $^{5}/_{10}$ bezw. $^{3}/_{10}$ der Normalgebühr zu (Tab. VII Spalte 4 bezw. 3).

Der Werth des Streitgegenstandes wird für die Anwaltsgebühr durch den Betrag der Forderung, wie sich solcher aus der dem Gericht einzureichenden Berechnung ergiebt, und, wenn der zu vertheilende Geldbetrag geringer ist, durch diesen Betrag bestimmt.[3])

Die Kosten werden von der Masse vorweg in Abzug gebracht.

Vertreter.

Soweit die anwaltliche Thätigkeit ausschließlich die Bestellung eines Vertreters einer nicht prozeßfähigen oder unbekannten Partei, eines Nachlasses oder eines dem Aufenthalte nach unbekannten Erben betrifft, erhält der Rechtsanwalt $^{3}/_{10}$ der Gebühren der Nr. 105, 106 (Tab. VII Spalte 3 — auch im Urkunden- und Wechselprozeß).

Gerichtsgebühren können dafür nicht erhoben werden.[4])

---

[1]) Das Vertheilungsverfahren findet statt, wenn bei der Zwangsvollstreckung in das bewegliche Vermögen ein Geldbetrag hinterlegt ist, welcher zur Befriedigung derjenigen Gläubiger, für welche die Pfändung erfolgte, nicht hinreicht.

Auf das mit der Zwangsvollstreckung in das unbewegliche Vermögen verbundene Vertheilungsverfahren finden die Bestimmungen der Landesgesetze Anwendung. [2]) G.-K.-G. § 42. [3]) A.-G.-O. § 39.

[4]) G.-K.-G. § 47 Nr. 9 und A.-G.-O. § 23.

Ueber Mangel der Legitimation s. Prozeßfähigkeit.
Tragung durch Verschulden entstandener Kosten s. Kostentragung.

Vertretung s. Nr. 105.

1. Der Rechtsanwalt, dessen Thätigkeit sich auf die Vertretung in einem nur zur Leistung eines durch Urtheil auferlegten Eides oder nur zur Beweisaufnahme bestimmten Termine beschränkt, erhält außer der Beweisgebühr, die dem Prozeßbevollmächtigten in gleichem Falle zustehen würde, eine Gebühr in Höhe von $^5/_{10}$ der Prozeßgebühr. Letztere Gebühr steht ihm auch dann zu, wenn der Auftrag vor dem Termin erledigt wird; — (Tab. VII Spalte 4 unter Beachtung der Regel der Nr. 112.)

   Die Wahrnehmung eines weiteren Termins zur Fortsetzung der Verhandlung — z. B. bei einer eingetretenen Vertagung — begründet nicht eine Erhöhung der Gebühr.[1])

2. Bezüglich der Gebühren des Rechtsanwalts, welchem nur die Vertretung in der mündlichen Handlung oder die Ausführung der Parteirechte übertragen ist, vgl. Nr. 111, 112, 113.

Vollstreckbare Ausfertigung s. Vollstreckungsklausel.

Vollstreckbarkeit eines Urtheils.

1. Der Rechtsanwalt erhält $^5/_{10}$ der Gebühren der Nr. 105, 106 (Tab. VII Spalte 4 - auch im Urkunden- und Wechselprozeß), wenn seine Thätigkeit ausschließlich die vorläufige Vollstreckbarkeit eines Urtheils betrifft.

   In gleichem Falle sind an Gerichtsgebühren nur $^5/_{10}$ der Gebühren der Nr. 81—84 (Tab. III Spalte 5) zu erheben.[2])

   Obige Gebühren sind nur möglich in dem Falle, daß in der Berufungsinstanz, nachdem über die vorläufige Vollstreckbarkeit vorab verhandelt ist, eine

---

[1]) A.-G.-O. § 45. [2]) G.-K.-G. § 26 Nr. 7 und A.-G.-O. § 20.

Verhandlung in der Hauptsache nicht erfolgt, oder wenn die Berufung ausschließlich gegen den, die Frage der vorläufigen Vollstreckbarkeit betreffenden Theil eines Urtheils eingelegt oder der Anwalt nur bei der Ergänzung eines Urtheils nach der gedachten Richtung hin thätig ist.

2. Soweit sich die anwaltliche Thätigkeit ausschließlich auf die Vollstreckbarkeit der durch Rechtsmittelanträge nicht angefochtenen Theile eines Urtheils erstreckt, erhält der Rechtsanwalt $^3/_{10}$ der Gebühren der Nr. 105, 106 (Tab. VII Spalte 3 — auch im Urkunden- und Wechselprozeß).

Gerichtsgebühren können zu 2 nicht erhoben werden.[1])

Vollstreckungsklausel.

1. Der Rechtsanwalt erhält $^5/_{10}$ der Gebühren der Nr. 105, 106 (Tab. VII Spalte 4 — auch im Urkunden- und Wechselprozeß), wenn seine Thätigkeit ausschließlich die Ertheilung der Vollstreckungsklausel (und zwar sowohl aus Urtheilen als aus anderen Schuldtiteln) zum Gegenstande hat, sofern sie im Wege der Klage beantragt oder angefochten wird.[2])

An Gerichtsgebühren werden in gleichem Falle nur $^5/_{10}$ der Gebühren der Nr. 81—84 (Tab. III Spalte 5) erhoben.[3])

2. Handelt es sich aber um einen Antrag auf Ertheilung oder Zurücknahme der Vollstreckungsklausel, welcher nicht im Wege der Klage gestellt wird, oder einen Antrag auf Ertheilung einer weiteren vollstreckbaren Ausfertigung, so erhält der Anwalt nur

---

[1]) G.-K.-G. § 47 Nr. 11 und A.-G.-O. § 23. [2]) Nämlich in Folge Eintritts eines Rechtsnachfolgers oder des nach Inhalt des Urtheils zur Vollstreckung erforderlichen Eintritts einer anderen Thatsache, als einer dem Gläubiger obliegenden Sicherheitsleistung (C.-P.-O. §§ 667, 687). [3]) G.-K.-G. § 26 Nr. 8 und A.-G.-O. § 20.

$^2/_{10}$ der Gebühren der Nr. 105, 106 (Tab. VII Spalte 2), und überdies mit der Einschränkung, daß für die einmalige Erwirkung der Vollstreckungsklausel weder dem Rechtsanwalt der Instanz, in welcher dieselbe zu ertheilen, noch dem Rechtsanwalt, welcher mit dem Betriebe der Zwangsvollstreckung beauftragt ist, eine Gebühr zusteht (s. a. „Zwangsvollstreckung" 5 a).

An Gerichtsgebühren wird für jede Entscheidung, einschl. des vorangegangenen Verfahrens, über einen solchen Antrag $^1/_{10}$ der Normalgebühr (Tab. III Spalte 2) erhoben; bei Ertheilung der Klausel aber nur in den Fällen, in welchen dieselbe gesetzlich blos auf Anordnung des Vorsitzenden zu erfolgen hat — sonstige Fälle werden gebührenfrei behandelt.[1])

Vorbereitendes Verfahren.

Die Verhandlung im vorbereitenden Verfahren gilt für die Gerichts- und Anwaltsgebühren stets als kontradiktorische mündliche Verhandlung (s. Nr. 81 a Note und 105 b).

Das Verfahren selbst gehört zur Instanz der Hauptsache.

Vorverfahren s. prozeßhindernde Einreden.

Wechselprozeß ebenso wie „Urkundenprozeß".

Werthpapier. Erhebung und Ablieferung s. Gelderhebung.

Wiederaufnahme des Verfahrens (Nichtigkeits- oder Restitutionsklage).

Der Rechtsanwalt erhält $^5/_{10}$ der Gebühren der Nr. 105, 106 (Tab. VII Spalte 4 — auch im Urkunden- und Wechselprozeß), wenn seine Thätigkeit ausschließlich die Zulässigkeit der Wiederaufnahme des Verfahrens betrifft.

---

[1]) A.-G.-O. §§ 24, 32, 35 und G.-K.-G. § 38 Nr. 1 (früher 35 Nr. 1) und § 47 Nr. 15.

An *Gerichtsgebühren* sind hier nur $^{5}/_{10}$ der Gebühren der Nr. 81—84 (Tab. III Spalte 5) zu erheben. Ist die Wiederaufnahme als unzulässig verworfen, so werden aber auch für eine Verhandlung zur Hauptsache nur $^{5}/_{10}$ der Gebühr erhoben, sofern die Entscheidung auf diese Verhandlung ergangen ist.[1])

Hierbei finden die Ausführungen bei „prozeßhindernde Einreden" entsprechende Anwendung.

Wiedereinsetzung.

Der *Rechtsanwalt* erhält $^{5}/_{10}$ der Gebühren der Nr. 105, 106 (Tab. VII Spalte 4 — auch im Urkunden- und Wechselprozeß), wenn seine Thätigkeit *ausschließlich* die Zulässigkeit der Wiedereinsetzung in den vorigen Stand betrifft.

An *Gerichtsgebühren* sind in gleichem Falle nur $^{5}/_{10}$ der Gebühren Nr. 81—84 (Tab. III Spalte 5) zu erheben. Ist die Wiedereinsetzung als unzulässig verworfen, so werden aber auch für eine Verhandlung zur Hauptsache nur $^{5}/_{10}$ der Gebühr erhoben, sofern die Entscheidung auf diese Verhandlung ergangen ist.[1])

Vgl. die Ausführungen zu „prozeßhindernde Einreden".

Zeugen.

1. Zwischenstreite mit Zeugen und Sachverständigen gehören zur Instanz der Hauptsache — Nr. 121 Z. 2 — und unterliegen somit dem Prinzip Nr. 118.
2. Soweit aber die *anwaltliche* Thätigkeit *ausschließlich*
   a) die Verpflichtung zur Abgabe eines Zeugnisses oder Gutachtens bei begründeter Verweigerung eines solchen seitens eines Zeugen oder Sachverständigen

oder

---

[1]) G.-K.-G. § 26 Nr. 5 und A.-G.-O. § 20.

b) die Zwangsmaßregeln gegen einen Zeugen oder Sachverständigen, sowie die Verurtheilung derselben zu Kosten und Strafe im Falle ihres Ausbleibens oder bei unbegründeter Weigerung derselben zur Abgabe eines Zeugnisses oder Gutachtens oder zur Eidesleistung

betrifft, erhält der Rechtsanwalt $^3/_{10}$ der Gebühren der Nr. 105, 106 (Tab. VII Spalte 3 — auch im Urkunden- und Wechselprozeß).

3. Gerichtsgebühren können nur zu a — und zwar zu $^3/_{10}$ der Normalgebühr (Tab. III Spalte 4) —, aber blos dann erhoben werden, wenn das Verfahren muthwillig veranlaßt ist.[1])

Zeugniß der Rechtskraft u. a.

Hat die Thätigkeit des Rechtsanwalts

ein Gesuch um Ertheilung des Zeugnisses der Rechtskraft oder um Ertheilung des Zeugnisses, daß innerhalb der Nothfrist ein Schriftsatz zum Zwecke der Terminsbestimmung nicht eingereicht sei, zum Gegenstande,

so erhält er $^2/_{10}$ der Gebühren der Nr. 105, 106 (Tab. VII Spalte 2 — auch im Urkunden- und Wechselprozeß), jedoch mit der Einschränkung, daß für die einmalige Erwirkung des Zeugnisses der Rechtskraft weder dem Rechtsanwalt der Instanz, in welcher dasselbe zu ertheilen, noch dem Rechtsanwalt, welcher mit dem Betriebe der Zwangsvollstreckung beauftragt ist, eine Gebühr zusteht.[2])

Gerichtsgebühren können hierfür nicht erhoben werden.[3])

Zurücknahme s. a. Berufung und Revision.

1. Wird eine Klage,[4]) ein Antrag, ein Einspruch

[1]) G.-K.-G. § 47 Nr. 7 und 8 und A.-G.-O. § 23. [2]) A.-G.-O. §§ 24, 35. [3]) G.-K.-G. § 47 Nr. 16. [4]) Es kommt hier für die Klagerücknahme nicht auf die Form, sondern nur auf die Erklärung von der Beendigung des Rechtsstreits an.

8*

oder ein Rechtsmittel[1]) zurückgenommen, bevor ein gebührenpflichtiger Akt stattgefunden hat, so wird $^1/_{10}$ der Gerichtsgebühr erhoben, welche für die beantragte Entscheidung (oder bei Abnahme des Offenbarungseides für die beantragte Verhandlung) in Ansatz kommen würde.

Diese Gebühr wird aber nicht erhoben, wenn ein zur Terminsbestimmung eingereichter Schriftsatz vor Bestimmung des Termins zurückgezogen ist.

Betrifft die Zurücknahme nur einen Theil des Streitgegenstandes, während über einen anderen Theil verhandelt, entschieden oder ein Vergleich aufgenommen wird, so ist die Gebühr für die Zurücknahme nur insoweit zu erheben, als die Verhandlungsgebühr oder die Entscheidungsgebühr sich erhöht haben würde, wenn die Verhandlung, die Entscheidung oder der Vergleich auf den zurückgenommenen Theil erstreckt worden wäre.[2])

2. Für die Verhandlung über die Kostentragung bei Zurücknahme der Klage (C.-P.-O. § 243) tritt keine Gebührenermäßigung ein; dagegen kann es sich als Werthsgegenstand auch nur um den Betrag der entstandenen Kosten handeln.

3. Soweit die Zurücknahme (Erledigung) des Auftrags für den Anwalt eine Aenderung in der Gebührenliquidation mit sich bringt, ist dies bei den einzelnen Artikeln bezw. Positionen bemerkt.

Vgl. im Uebrigen auch die Nr. 114, 116.

Zuständiges Gericht s. auch Unzuständigkeit.

Soweit die anwaltliche Thätigkeit ausschließlich

die Zuständigkeit des obersten Landesgerichts (Einf.-Ges. zur C.-P.-O. §§ 7, 8);

---

[1]) Auch wenn bei Einlegung desselben kein bestimmter Antrag formulirt ist. [2]) G.-K.-G. § 46.

die Zuständigkeit der Kammern für Handelssachen (Verweisung einer Sache von der Civilkammer an die Kammer f. Handelssachen oder umgekehrt, — G.-V.-G. §§ 103—106),
oder
die Bestimmung des zuständigen Gerichts durch das im Instanzenzuge zunächst höhere Gericht — auch bei der Zwangsvollstreckung — (C.-P.-O. §§ 36, 756)

zum Gegenstande hat, erhält der Rechtsanwalt 3/10 der Gebühren der Nr. 105, 106 (Tab. VII Spalte 3 — auch im Urkunden- und Wechselprozeß).

Der für die Hauptsache zum Prozeßbevollmächtigten bestellte Rechtsanwalt kann dagegen die Gebühr neben seinen Gebühren für die Instanz nicht besonders erheben (vgl. Nr. 121 Z. 6).

Gerichtsgebühren können in diesen Angelegenheiten nicht entstehen.[1])

Zustellung, Art und Weise s. Prozeßleitung.

1. An Gerichtsgebühren werden für das durch den Gerichtsschreiber an die Post gerichtete Ersuchen um Bewirkung einer Zustellung 40 Pf., in den beim Amtsgericht anhängigen Sachen aber nur 25 Pf. (neben den baaren Auslagen) erhoben.[2])

2. Für die Verhandlung und Entscheidung über die Zulassung einer Zustellung an einem Sonntag oder allgemeinen Feiertag werden Gebühren nicht angesetzt.

Soweit sich die anwaltliche Thätigkeit ausschließlich darauf erstreckt, erhält der Rechtsanwalt 3/10 der Gebühren der Nr. 105, 106 (Tab. VII Spalte 3 — auch im Urkunden- und Wechselprozeß).[3])

Der für die Hauptsache zum Prozeßbevollmächtigten bestellte Rechtsanwalt kann aber die Gebühr neben

[1]) G.-K.-G. § 47 Nr. 3 und A.-G.-O. § 23. [2]) G.-K.-G. § 40.
[3]) G.-K.-G. § 47 Nr. 12 und A.-G.-O. § 23.

seinen Gebühren für die Instanz nicht besonders erheben (vgl. Nr. 121 Z. 6).

Zwangsvollstreckung — s. a. Arrest, Vertheilungsverfahren, Vollstreckbarkeit, Vollstreckungsklausel, Zeugniß.

A. Gerichtsgebühren.

1. Eine gebührenpflichtige Thätigkeit des Gerichts tritt bei der Zwangsvollstreckung selber ein, wenn es sich um die Erledigung von Anträgen und Einwendungen des Schuldners oder sonstiger Anstände, oder um gewisse den Gerichten zugewiesene Vollstreckungsakte und das Vertheilungsverfahren handelt.

Als eine Instanz gilt für die Gerichtsgebühren nicht die ganze Zwangsvollstreckung, sondern jedes Verfahren darin über Anträge, Erinnerungen und Einwendungen kommt als selbständiges Verfahren (auch wenn es mit anderen Prozeduren verbunden ist) in Betracht; werden aber mehrere Anträge zugleich durch eine Entscheidung beschieden, so ist hier nur ein Verfahren vorhanden. Das Letztere greift hinsichtlich der Gebühren zu 2d auch dann Platz, wenn mehrere gerichtliche Handlungen der Zwangsvollstreckung wegen desselben Anspruchs denselben Gegenstand betreffen.[1])

Auch für die Vollziehung von Arresten und einstweiligen Verfügungen kommen die gleichen Normen zur Anwendung.

2. An Gerichtsgebühren werden erhoben:

a. $^{5}/_{10}$ der Gebühren Nr. 81—84 (Tab. III Spalte 5), wenn der Akt ausschließlich betrifft: im Wege der Klage geltend zu machende Einwendungen gegen die Zwangsvollstreckung, welche den Anspruch selbst betreffen, sofern

[1]) G.-K.-G. § 39.

der § 686 Abs. 2 oder § 704 Abs. 2 der C.-P.-O. Anwendung findet, insoweit nämlich die Gründe, auf denen die Einwendungen beruhen, erst nach dem Schlusse derjenigen mündlichen Verhandlung, in welcher Einwendungen in Gemäßheit der Bestimmungen der Civilprozeßordnung spätestens hätten geltend gemacht werden müssen, entstanden sind und durch Einspruch nicht mehr geltend gemacht werden können oder insoweit diese Gründe nach Zustellung des Vollstreckungsbefehls entstanden sind.

(Bei dem aus gerichtlichen und notariellen Urkunden stattfindenden Zwangsvollstreckungsverfahren muß in solchen Fällen immer die volle Gebühr Platz greifen),

oder

die durch ein Vollstreckungsurtheil auszusprechende Zulassung der Zwangsvollstreckung aus dem Urtheil eines ausländischen Gerichts oder aus einem Schiedsspruche.[1])

b. $^3/_{10}$ der Gebühren Nr. 81—84 (Tab. III Spalte 4), wenn der Akt die Zwangsvollstreckung zur Erwirkung von Handlungen oder Unterlassungen betrifft (executio ad faciendum). Die Gebühr wird schon mit der Strafandrohung fällig.[2]) Die Höhe der Strafe kommt bei der Werthsberechnung nicht in Betracht.

c. $^2/_{10}$ der Gebühren Nr. 81—84 (Tab. III Spalte 3) für die Entscheidung, einschließlich des vorangegangenen Verfahrens, über Anträge: auf vorläufige Einstellung, Beschränkung oder Aufhebung einer Zwangsvollstreckung[3]);

[1]) G.-K.-G. § 26 Nr. 8. [2]) G.-K.-G. § 27 Nr. 2.
[3]) G.-K.-G. § 35 Nr. 1.

d. ebenso über Anträge auf gerichtliche Handlungen der Zwangsvollstreckung (Zwangsvollstreckung im Auslande, in Forderungen, in Ansprüche auf Herausgabe von Sachen oder in andere Vermögensrechte, Anordnung der Zwangsvollstreckung in ein Grundstück, Anordnungen bei der Exmission und Entscheidungen bei Verweigerung der Leistung des Offenbarungseides)[1];

e. desgleichen über Anträge, Einwendungen oder Erinnerungen, welche die Art und Weise der Zwangsvollstreckung oder das bei derselben vom Gerichtsvollzieher zu beobachtende Verfahren oder die von ihm in Ansatz gebrachten Kosten oder die Weigerung desselben betreffen, einen Vollstreckungsauftrag zu übernehmen oder eine Vollstreckungshandlung dem Auftrage gemäß auszuführen.[2])

f. Für die Verhandlung in dem zur Abnahme des Offenbarungseides bestimmten Termine werden $^2/_{10}$ der Normalgebühr (Tab. III Spalte 3) erhoben, sofern nicht über einen spätestens im Termine gestellten Antrag auf Erzwingung der Eidesleistung oder Verurtheilung des Schuldners zur Eidesleistung zu entscheiden ist. Dann würde die Gebühr zu d fällig werden.[3])

3. Gebührenfreiheit gilt für[4])

Requisitionen an andere Behörden um Beihilfe oder um Zwangsvollstreckung gegen Mitglieder des Soldatenstandes,

die Zulassung der Zwangsvollstreckung an einem Sonntag, Feiertag oder zur Nachtzeit,

das Verfahren über die oben zu e bezeichneten Anträge, Einwendungen oder Erinnerungen, soweit dieselben für begründet befunden werden und die

---

[1]) G.-K.-G. § 35 Nr. 2. [2]) G.-K.-G. § 35 Nr. 4. [3]) G.-K.-G. § 43. [4]) G.-K.-G. § 47 Nr. 12—14.

Kosten des Verfahrens nicht dem Gegner, sondern dem Gerichtsvollzieher zur Last fallen.

B. Anwaltsgebühren.

4. Für die Gebühren der Rechtsanwälte bildet in der Zwangsvollstreckung eine jede Vollstreckungsmaßregel zusammen mit den durch dieselbe vorbereiteten weiteren Vollstreckungshandlungen bis zu der durch die Maßregel zu erlangenden Befriedigung des Gläubigers eine Instanz.[1])

5. Diese allgemeine Regel erleidet indessen folgende Modifikationen und Ausnahmen:

a. Besondere Instanzen der Zwangsvollstreckung bilden:

das Verfahren über einen Antrag auf Ertheilung einer weiteren vollstreckbaren Ausfertigung;

das Vertheilungsverfahren;

das Verfahren zur Abnahme des Offenbarungseides, mag es in Verbindung mit einer anderen Vollstreckungsmaßregel oder unabhängig von einer solchen vorkommen;

die Ausführung der Zwangsvollstreckung in ein gepfändetes Vermögensrecht durch Verwaltung.[2])

b. Aus der Zwangsvollstreckung zur Erwirkung einer Handlung scheidet als besonderes Verfahren die Vollstreckung der Entscheidung aus,

---

[1]) A.-G.-O. § 31. Die hauptsächlichsten dieser Vollstreckungsmaßregeln sind: die Pfändung in körperliche Sachen, in Forderungen, in andere Vermögensrechte, Erwirkung der Herausgabe von Sachen (durch Anordnung der Wegnahme bezw. der Exmission und Einweisung oder der Ueberweisung einer im Gewahrsam eines Dritten befindlichen Sache), Erwirkung von Handlungen oder Unterlassungen, Anordnung der Zwangsvollstreckung in ein Grundstück, beim Arrest auch Beschränkung der persönlichen Freiheit. [2]) A.-G.-O. §§ 32, 39.

durch welche der Schuldner zur Vorauszahlung der durch die Vornahme der Handlung[1]) entstehenden Kosten verurtheilt wird.

c. Soll die Zwangsvollstreckung auf Unterlassung oder Duldung einer Handlung durch Strafen ausgeführt werden, so bildet eine jede Verurtheilung zu einer Strafe nach Maßgabe der Nr. 121 den Schluß der Instanz, so daß mit dem weiteren Antrage auf weitere Verurtheilung eine neue Instanz beginnt.

Die Erwirkung der einer Verurtheilung vorausgehenden Strafandrohung gehört, auch wenn sie dem Urtheil in der Hauptsache nachfolgt, zur Instanz der Hauptsache; dem Rechtsanwalte, welcher diese Instanz nicht geführt hat, steht aber dafür die Gebühr zu.[2])

d. Bei Ausführung der Zwangsvollstreckung auf Vornahme einer Handlung durch Geldstrafen oder Haft bildet das gesammte Verfahren eine Instanz.[3])

6. Die vorstehenden Grundsätze finden bei Vollziehung eines Arrestbefehls oder einer einstweiligen Verfügung entsprechende Anwendung. Die Instanz dauert hier bis zur Aufhebung des Arrestes oder der einstweiligen Verfügung oder bis zum Anfange der Zwangsvollstreckung aus dem in der Hauptsache erlassenen Urtheile.[4])

7. Der Rechtsanwalt erhält für seine Thätigkeit bei der Zwangsvollstreckung für jede Instanz

$^{3}/_{10}$ der Gebühren der Nr. 81—85 (Tab. VII Spalte 3).[5])

---

[1]) Wenn nämlich die Vornahme der Handlung durch einen Dritten erfolgen kann und der Gläubiger von dem Prozeßgericht ermächtigt ist, sie auf Kosten des Schuldners vornehmen zu lassen.
[2]) A.-G.-O. § 33. [3]) A.-G.-O. § 34. [4]) A.-G.-O. § 36. [5]) A.-G.-O. § 23 Nr. 2 (also auch schon bei Beauftragung eines Gerichtsvollziehers).

8. Die gleichen Gebühren stehen dem Rechtsanwalt zu:

a. für die Thätigkeit in dem Verfahren über einen Antrag auf vorläufige Einstellung, vorläufige Beschränkung oder vorläufige Aufhebung einer Zwangsvollstreckung, sofern das Verfahren von dem Verfahren über die Hauptsache getrennt ist,[1]) gleichviel ob der Hauptprozeß bereits anhängig ist oder nicht.

Ist aber das Verfahren mit dem über die Hauptsache derart verbunden, daß der betr. Antrag nebenbei in denselben Schriftsätzen und in denselben Verhandlungen zusammen mit der Hauptsache lediglich als Theil derselben verhandelt wird, so gilt es für die Gebührenerhebung als zur Instanz der Hauptsache gehörig, und es tritt demzufolge die Regel der Nr. 118 in Anwendung (s. a. Position „Beschwerde" Nr. 4).

Wird die vorläufige Einstellung, Beschränkung oder Aufhebung der Zwangsvollstreckung bei dem Vollstreckungsgericht und bei dem Prozeßgericht beantragt, so wird trotzdem die Prozeßgebühr nur einmal erhoben.[2])

b. für die Thätigkeit, welche die Erwirkung einer Strafandrohung (der Zwangsvollstreckung auf Unterlassung oder Duldung einer Handlung durch Strafe vorausgehend) zum Gegenstande hat; das Verfahren gehört zur Instanz der Hauptsache, die Gebühr steht mithin nur dem Rechtsanwalte zu, welcher diese Instanz nicht geführt hat.[3])

c. soweit sich seine Thätigkeit ausschließlich auf die Zulassung eines Aktes der Zwangsvollstreckung an einem Sonntag oder allgemeinen

[1]) A.-G.-O. § 23, § 29 Nr. 4, § 30 Nr. 2 und G.-K.-G. § 35 Nr. 2 (neu Nr. 1). [2]) A.-G.-O. § 30. [3]) A.-G.-O. § 33.

Feiertag oder zur Nachtzeit erstreckt.[1]) Jedoch kann diese Gebühr nach dem Grundsatz der Nr. 121 zu 6 nicht neben derjenigen für die Zwangsvollstreckungs-Instanz liquidirt werden.

9. 5/10 der Gebühren der Nr. 105, 106 (Tab. VII Spalte 4) erhält der Rechtsanwalt, wenn seine Thätigkeit ausschließlich zum Gegenstande hat:
die unter 2a angeführten Einwendungen bezw. die Zulassung der Zwangsvollstreckung.[2])

10. Für die Aufhebung einer Vollstreckungsmaßregel steht weder dem Rechtsanwalt, welcher die Vornahme veranlaßt hat, noch dem Rechtsanwalt, welcher mit dem Betriebe der weiteren Zwangsvollstreckung beauftragt ist, eine Gebühr zu.[3])

Ebensowenig darf im Uebrigen für die auf die Erledigung von Anträgen und Einwendungen des Schuldners, auf die Beseitigung sonstiger Anstände oder auf die Requisition anderer Behörden gerichtete Thätigkeit sowie für irgend welche vorbereitende Schritte[4]) neben den Gebühren der Instanz noch besonders liquidirt werden.

C. Gemeinsames.

11. Für die im Zwangsvollstreckungsverfahren entstehenden besonderen Prozesse (z. B. bei Inter-

---

[1]) A.-G.-O. § 23 und G.-K.-G. § 47 Nr. 12. [2]) A.-G.-O. § 20 und G.-K.-G. § 26 Nr. 8. [3]) A.-G.-O. § 35. [4]) Auch die nach § 744 C.-P.-O. schon vor der Pfändung einer Geldforderung zulässige Benachrichtigung des Schuldners und des Drittschuldners wird, wenngleich sie dem letzteren gegenüber die Wirkung eines Arrestes besitzt, doch nur als eine die Zwangsvollstreckung vorbereitende Thätigkeit des Rechtsanwalts anzusehen sein; ein eigentlicher Arrest im Sinne der §§ 799, 802 der C.-P.-O. ist es nicht und daher eine Gebührenerhebung wie bei Arresten zweifellos ausgeschlossen.

ventionen Dritter) werden die gewöhnlichen Gebühren erhoben.

12. Die Gebührenerhebung für die Zwangsvollstreckung in das unbewegliche Vermögen (Grundstücke u. a.) ist landesgesetzlich in den einzelnen Bundesstaaten verschieden geregelt.[1])

13. Die Gebühren und Auslagen der **Gerichtsvollzieher** sind aus der im Anhang II abgedruckten Gebührenordnung für Gerichtsvollzieher zu ersehen.

Zwischenstreite s. Nebenintervention u. Zeugen.

---

[1]) A.-G.-O. § 31 Abs. 2.

Anhang I.

Kosten der Privatklage[1] und Nebenklage.[2]

Einleitung.

Die verschiedenartigen Gründe, welche im Abschnitt II gegen das Prozessiren geltend gemacht worden sind, sprechen noch weit kräftiger und eindringlicher gegen die sogen. Injurienklagen. Mögen sie Jeden, welcher eine Privatklage erheben will, wenigstens zu wiederholter, reiflicher Erwägung, den Privatbeklagten aber zur versöhnlichen, opferbereiten Beseitigung der Ursache des Zerwürfnisses bestimmen. In reichlicherem Maße als im Prozeß erwachsen im Privatklageverfahren Verdruß und Aufregungen beiden Parteien, umsomehr als das Verfahren nicht selten zu unliebsamer Offenbarung intimster persönlicher, familiärer und geschäftlicher Verhältnisse führt — Nachtheile und Uebelstände, die auch von einem günstigen Erfolge des Vorgehens meist nicht aufgewogen werden können.

---

[1]) Im Wege der Privatklage — s. g. Injurienklage nach dem altpreußischen Recht — können Beleidigungen und Körperverletzungen, soweit die Verfolgung nur auf Antrag eintritt, verfolgt werden.

Das der Privatklage vorangehende Verfahren vor der Vergleichsbehörde ist hier nicht mit inbegriffen.

[2]) Als Nebenkläger kann sich der erhobenen öffentlichen Klage Jeder anschließen, der als Privatkläger aufzutreten oder die Zuerkennung einer Buße zu verlangen berechtigt ist; ebenso derjenige, welcher durch einen Antrag auf gerichtliche Entscheidung die Erhebung der öffentlichen Klage herbeigeführt hat, wenn die strafbare Handlung gegen sein Leben, seine Gesundheit, seine Freiheit, seinen Personenstand oder seine Vermögensrechte gerichtet war.

Die Kostenlast, welche dem Unterliegenden — sei es Kläger oder Beklagter — zufällt, erreicht auch im Privatklageverfahren eine ungeahnte Höhe und dürfte wohl zu ruhiger Ueberlegung auffordern. Die Summe der Kosten des Gerichts und der Rechtsanwälte beider Parteien erreichen meist den Betrag von 80 Mark für jede Instanz — also für 3 Instanzen = 240 Mark — und übersteigen denselben oft in umfangreichen Fällen um ein Bedeutendes. Ist die unterliegende Partei zahlungsunfähig, dann kann ein Ersatz des verauslagten Gerichtskostenvorschusses (von 10 Mark für jede Instanz), sowie der sonstigen entstandenen Unkosten, namentlich der Anwaltskosten, überdies nicht erhofft werden.

A. Gerichtskosten.

1. Für das Verfahren auf erhobene Privatklage werden in erster Instanz erhoben:

a) wenn nach Beginn der Hauptverhandlung Einstellung des Verfahrens erfolgt . . 5 Mark;
b) wenn außer diesem Falle die Instanz ohne Beweisaufnahme durch Urtheil beendigt wird . . . . 15 „
c) desgleichen nach stattgehabter Beweisaufnahme . . . . 20 „

Dieselben Sätze sind für die Berufungsinstanz, sowie für die Revisionsinstanz zu erheben.

Für die Widerklage wird ein besonderer Satz nicht erhoben.[1])

2. Im Privatklageverfahren werden ferner angesetzt:

a) für Verwerfung eines Gesuchs um Wiedereinsetzung in den vorigen Stand;
b) für die Entscheidung, durch welche eine Berufung oder Revision als unzulässig verworfen wird;
c) für die Entscheidung, durch welche ein Antrag auf Wiederaufnahme des Verfahrens als unzulässig verworfen wird;

[1]) G.-K.-G. § 70.

d) bei Zurückweisung von Beschwerden gegen solche Entscheidungen
— je 2 Mark —;

e) für Zurückweisung einer Privatklage 3 Mark;

f) für Verwerfung einer Beschwerde über Zurückweisung einer Privatklage . . 3 „ [1])

g) bei Zurückweisung sonstiger Beschwerden . . . . 1 „

(Justizaufsichtsbeschwerden sind aber gebührenfrei).

3. Bei Zurücknahme einer Privatklage vor Beginn der Hauptverhandlung werden 2 Mark erhoben.[2])

4. Sind in einer Sache mehrere[3]) Personen als Privatkläger oder als Beschuldigte in derselben Instanz betheiligt, so wird ohne Rücksicht auf die Zahl der Personen das Doppelte der Gebühren zu 1—3 erhoben.[4])

5. Der Anschluß eines Nebenklägers an die öffentliche Klage ist an sich auf die Kosten des Verfahrens ohne Einfluß. Nur dann, wenn dem Nebenkläger die Kosten eines von ihm eingelegten Rechtsmittels auferlegt werden, sind von ihm Gebühren zu erheben, und zwar die Sätze, welche nach 1—4 zu liquidiren sein würden, wenn er als Privatkläger ein Rechtsmittel eingelegt hätte.[5])

6. Nach Maßgabe der Bestimmungen für Civilprozesse werden erhoben die Gebühren für Entscheidungen, welche betreffen:

a) Anträge auf Festsetzung der zu erstattenden Kosten;

b) die Vollstreckung einer über eine Vermögensstrafe,

---

[1]) G.-K.-G. § 71. [2]) G.-K.-G. § 72. [3]) Eine Betheiligung mehrerer Personen liegt selbstverständlich nicht vor, wenn eine zweite Person blos als Beistand des Privatklägers oder des Beschuldigten auftritt, wohl aber, wenn neben dem Verletzten eine Person in Geltendmachung des ihr zustehenden Rechts, selbständig auf Bestrafung anzutragen, auftritt.

[4]) G.-K.-G. § 73. [5]) G.-K.-G. § 74.

eine Buße oder über Erstattung von Kosten ergangenen Entscheidung.[1])

(S. Tarif: Pos. Kostenerstattung und Zwangsvollstreckung.)

7. Neben den Gebühren werden die Auslagen, wie in Civilprozeßsachen, erhoben.[2])

8. Ein Gebührenvorschuß von 10 Mark für jede Instanz und außerdem ein Auslagenvorschuß wie zu Nr. 32 sind zu zahlen von dem Privatkläger oder demjenigen, welcher als Privatkläger eine Berufung oder Revision einlegt oder eine Wiederaufnahme des Verfahrens beantragt, sowie von dem Nebenkläger, welcher eine Berufung oder Revision einlegt.[3])

B. Anwaltskosten.

9. Im Privatklageverfahren erhält der Rechtsanwalt für jede Instanz als Vertheidiger in der Hauptverhandlung, gleichviel ob dieselbe an einem oder mehreren Tagen stattfindet:

bei Vertretung eines Beschuldigten . . 12 Mark,
bei Vertretung mehrerer[4]) Beschuldigter 18 Mark.

Findet eine Beweisaufnahme statt, — auch wenn der Vertheidiger ihr nicht beiwohnt, etwa weil sie im Requisitionswege erfolgt, — so erhöhen sich die Gebühren auf 18 bezw. 27 Mark.[5])

10. Für die Vertretung eines Privatklägers kommen dieselben Sätze zur entsprechenden Anwendung[6]), demnach bei Vertretung mehrerer[4]) Privatkläger die erhöhten Sätze. — Durch eine Widerklage tritt keine Erhöhung der Gebühr ein.

11. Eine Gebühr von 6 Mark (bei mehreren Betheiligten 9 Mark) erhält der Anwalt für die Anfertigung oder Unterzeichnung

---

[1]) G.-K.-G. § 78. [2]) G.-K.-G. § 79. [3]) G.-K.-G. §§ 83, 84. [4]) A.-G.-O. § 72. S. Note zu 4. [5]) A.-G.-O. §§ 63—66. [6]) A.-G.-O. § 73.

a. einer Privatklage[1]),
b. einer Schrift zur Rechtfertigung einer Berufung,
c. eines Antrags auf Wiederaufnahme des Verfahrens,
d. eines Gnadengesuchs,

aber nur, sofern ihm nicht schon die Gebühr zu 9 für dieselbe Instanz zusteht[2]); unter derselben Bedingung ferner je 2 Mark (bei mehreren Betheiligten 3 Mark) für

e. Einlegung eines Rechtsmittels oder
f. Anfertigung sonstiger Anträge, Gesuche, Erklärungen.[3])

Auf die Gebühr zu b wird aber die zu e stets angerechnet.[4])

12. Kommt die anwaltliche Thätigkeit nach Anfertigung der Privatklage vor der Hauptverhandlung zum Abschluß, so kann nicht die Gebühr zu 9, sondern nur eine Gebühr im Betrage zwischen der zu 11a und der zu 9 liquidirt werden.

13. Nach Maßgabe der Bestimmungen für Civilprozesse stehen dem Anwalt besonders Gebühren zu für die Vertretung

a. in dem Kostenfestsetzungsverfahren,
b. in der Zwangsvollstreckung aus Entscheidungen über eine Buße oder über Erstattung von Kosten.[5])

(S. „Tarif“: Pos. Kostenerstattung bezw. Zwangsvollstreckung.)

14. Außerdem kann der Anwalt Erstattung seiner Auslagen wie zu Nr. 123 ff. fordern.

Wegen des Vorschusses gilt das in Nr. 55 Ausgeführte.

---

[1]) A.-G.-O. § 73 Abs. 2. [2]) A.-G.-O. §§ 68, 70. [3]) A.-G.-O. § 69. [4]) A.-G.-O. § 71. [5]) A.-G.-O. § 75.

Anhang II.

Gebührenordnung für Gerichtsvollzieher
vom 24. Juni 1878
und Novelle vom 29. Juni 1881.

§ 1. In den vor die ordentlichen Gerichte gehörigen Rechtssachen, auf welche die Civilprozeßordnung, die Strafprozeßordnung oder die Konkursordnung Anwendung findet, werden Gebühren und Auslagen des Gerichtsvollziehers nur nach Maßgabe der folgenden Bestimmungen erhoben.

§ 2. Die Gebühr für jede Zustellung[1]) beträgt . . 80 Pfg., in den amtsgerichtlichen und den schöffengerichtlichen Sachen, soweit diese Sachen nicht durch Einlegung eines Rechtsmittels an ein höheres Gericht gebracht sind . . . . 50 Pfg., für die Zustellung durch Aufgabe zur Post (C.-P.-O. § 161), für das an die Post gerichtete Ersuchen um Bewirkung einer Zustellung (C.-P.-O. § 177), sowie für die im Auftrag eines Anwalts an den Gegenanwalt bewirkte Zustellung die Hälfte jener Sätze.

Die Zustellung an den Zustellungsbevollmächtigten mehrerer Betheiligter (C.-P.-O. § 172 Abs. 2) gilt als Eine Zustellung.

§ 3. Ist eine Zustellung durch den Gerichtsvollzieher bewirkt, obgleich sie mit geringeren Kosten durch die Post hätte erfolgen können, so erhält derselbe die Mehrkosten nur, wenn er zur Vornahme der Zustellung ohne Benutzung der Post ausdrücklich ermächtigt worden ist.

§ 4. Die Gebühr für die Pfändung von beweglichen körperlichen Sachen (C.-P.-O. §§ 712, 713), von Früchten, welche von dem Boden noch nicht getrennt sind (C.-P.-O. § 714), sowie von Forderungen aus Wechseln oder anderen Papieren, welche durch Indossament übertragen werden können (C.-P.-O. § 732), beträgt nach der Höhe der beizutreibenden Forderung

---

[1]) Für jede einzelne Uebergabe des zuzustellenden Schriftstücks; erfolgt die Zustellung desselben Schriftstücks an mehrere Personen, so ist die volle Gebühr so oftmal zu liquidiren, als Personen vorhanden sind, welchen eine Abschrift des zuzustellenden Schriftstücks zu übergeben war; vgl. a. § 12 Nr. 2 u. § 14 Nr. 1.

bei einem Betrage bis	50	Mark einschließlich	1 Mark,
„ „ „ „	100	„ „	2 „
„ „ „ „	300	„ „	3 „
„ „ „ „	1000	„ „	4 „
„ „ „ „	5000	„ „	5 „
„ „ „ über	5000	„ „	6 „

Nimmt die Pfändung einen Zeitaufwand von mehr als zwei Stunden[1]) in Anspruch, so erhöht sich die Gebühr für jede angefangene weitere Stunde um ein Viertheil.

Ist eine versuchte Pfändung ohne Erfolg geblieben, weil nach Inhalt des Protokolls pfändbare Gegenstände nicht vorhanden[2]) waren, oder sich von der Verwerthung der pfändbaren Gegenstände ein Ueberschuß über die Kosten der Zwangsvollstreckung nicht erwarten ließ, so erhält der Gerichtsvollzieher die Hälfte der Gebühr.

§ 5. Für die Uebernahme beweglicher Sachen zum Zwecke der Verwerthung in den Fällen[3]) der §§ 699, 746, 751 der C.=P.=O., sowie im Falle des Ausscheidens des Gerichtsvollziehers, welcher die Pfändung vorgenommen hat, und für die Pfändung bereits gepfändeter Sachen (C.=P.=O. § 727) erhält der Gerichtsvollzieher die Hälfte der in § 4 bestimmten Gebühr.

§ 6. Der Gerichtsvollzieher erhält für die Wegnahme beweglicher Sachen einschließlich der Uebergabe derselben (C.=P.=O. § 769) eine Gebühr von 3 Mark.

Nimmt das Geschäft einen Zeitaufwand von mehr als zwei Stunden[4]) in Anspruch, so erhöht sich die Gebühr für jede angefangene weitere Stunde um 1 Mark.

Ist eine versuchte Wegnahme ohne Erfolg geblieben, weil nach Inhalt des Protokolls die herauszugebenden Sachen nicht aufzufinden waren, so erhält der Gerichtsvollzieher die Hälfte der Gebühr, jedoch nicht unter 2 Mark.

§ 7. Für die Versteigerung oder den Verkauf aus freier Hand von beweglichen Sachen, Früchten, welche von dem Boden noch nicht getrennt sind, Forderungen oder anderen Vermögensrechten erhält der Gerichtsvollzieher

von dem Betrage des erzielt. Erlöses bis zu		100 Mk.	5 vom Hundert,
von dem Betrag über	100 Mk. bis	300 „	3 „ „
„ „ „ „	300 „ „	1000 „	2 „ „

---

1) Die Reisezeit nicht mit eingerechnet.

2) Dies trifft auch zu, wenn der Aufenthalt der auszupfändenden Person nicht zu ermitteln gewesen ist.

3) Nämlich wenn die Sachen in Kasernen und anderen militärischen Dienstgebäuden oder auf Kriegsfahrzeugen gepfändet worden sind, oder wenn ein Anspruch auf eine bewegliche körperliche Sache gepfändet worden ist.

4) Die Reisezeit nicht mitgerechnet.

von dem Betrag über 1000 Mk. bis 5000 Mk. 1 vom Hundert,
" " " " 5000 " . . . . . . ½ " " [1])
jedoch nicht unter 2 Mark.

§ 8. Der Gerichtsvollzieher erhält

1. für die Entsetzung[2]) aus dem Besitz unbeweglicher Sachen oder bewohnter Schiffe und[3]) die Einweisung in denselben (C.-P.-O. § 771),
2. im Falle der Zuziehung zur Beseitigung des Widerstandes des Schuldners gegen die Vornahme einer Handlung (C.-P.-O. § 777)

eine Gebühr von 3 Mark für jede angefangene Stunde von dem Erscheinen an Ort und Stelle[4]) bis zur Beendigung seiner Thätigkeit.

In die Dauer der unter Nr. 1 erwähnten Vollstreckungshandlungen ist auch die Zeit einzurechnen, welche der Gerichtsvollzieher zu verwenden hat, um bewegliche Sachen, welche nicht Gegenstand der Zwangsvollstreckung sind, wegzuschaffen, zu übergeben oder in Verwahrung zu bringen.

§ 9. Der Gerichtsvollzieher erhält für die Verhaftung einer Person, einschließlich der Ablieferung derselben zur Haft, und für die zwangsweise Vorführung einer Person eine Gebühr von 15 Mark, für die Nachverhaftung einer bereits verhafteten Person 2 Mark.

Konnte eine unternommene Verhaftung nicht ausgeführt werden, weil nach Inhalt des Protokolls sich bei derselben das Vorhandensein eines der in den §§ 785, 787 der C.-P.-O. aufgeführten Gründe

---

[1]) Also z. B.

bei	100	Mark	5	Mark
"	200	"	8	"
"	300	"	11	
"	400	"	13	
"	500	"	15	
"	600	"	17	
"	700	"	19	
	800	"	21	"
"	900	"	23	"
"	1000		25	"
"	2000	"	35	
"	3000	"	45	"
"	4000	"	55	"
"	5000	"	65	"

[2]) Ist eine versuchte Entsetzung ohne Erfolg geblieben, so kann eine Gebühr nur im Falle des § 10 zum Ansatz kommen.

[3]) Die Gebühr ist zu beanspruchen, auch wenn nur die Entsetzung oder nur die Einweisung stattgefunden hat.

[4]) D. h. an den Platz, von welchem aus die Vollstreckungshandlung unmittelbar erfolgen konnte.

herausgestellt hat, so erhält der Gerichtsvollzieher eine Gebühr von 5 Mark.

§ 10. Hat eine Vollstreckungshandlung, nachdem der Gerichtsvollzieher sich an Ort und Stelle[1]) begeben hatte, zufolge der Vorschrift des § 691[2]) der C.-P.-O. oder in Folge der Zurücknahme des Auftrags nicht stattgefunden, so erhält derselbe

in den Fällen der §§ 4, 5 die Hälfte der im § 4 Abs. 1 bestimmten Gebühr
im Falle des § 6 die daselbst Abs. 3 bestimmte Gebühr,
im Falle des § 7 eine Gebühr von 2 Mark,
im Falle des § 8 eine Gebühr von 3 Mark,
im Falle des § 9 eine Gebühr von 5 Mark.

§ 11.[3]) Wird der Auftrag zur Zwangsvollstreckung durch Leistung an den Gerichtsvollzieher erledigt, so erhält derselbe

bei Zahlungen die in § 4 bestimmte, nach dem gezahlten Betrage zu berechnende Gebühr, jedoch wenn eine Pfändung vorausgegangen war, nicht unter 2 Mark,
bei Herausgabe von Sachen die in § 6 bestimmte Gebühr.

---

[1]) S. Seite 133 Note 4.

[2]) § 691 C.-P.-O. lautet:

Die Zwangsvollstreckung ist einzustellen oder zu beschränken:

1. wenn die Ausfertigung einer vollstreckbaren Entscheidung vorgelegt wird, aus welcher sich ergiebt, daß das zu vollstreckende Urtheil oder dessen vorläufige Vollstreckbarkeit aufgehoben, oder daß die Zwangsvollstreckung für unzulässig erklärt oder deren Einstellung angeordnet ist;
2. wenn die Ausfertigung einer gerichtlichen Entscheidung vorgelegt wird, aus welcher sich ergiebt, daß die einstweilige Einstellung der Vollstreckung oder eine Vollstreckungsmaßregel angeordnet ist;
3. wenn eine öffentliche Urkunde vorgelegt wird, aus welcher sich ergiebt, daß die zur Abwendung der Vollstreckung nachgelassene Sicherheitsleistung oder Hinterlegung erfolgt ist;
4. wenn eine öffentliche Urkunde oder eine von dem Gläubiger ausgestellte Privaturkunde vorgelegt wird, aus welcher sich ergiebt, daß der Gläubiger nach Erlassung des zu vollstreckenden Urtheils befriedigt ist oder Stundung bewilligt hat;
5. wenn ein Postschein vorgelegt wird, aus welchem sich ergiebt, daß nach Erlassung des Urtheils die zur Befriedigung des Gläubigers erforderliche Summe zur Auszahlung an den letzteren bei der Post eingezahlt ist.

[3]) Die Gebühr des § 11 wird auch dann, wenn dem Gerichtsvollzieher für einen Vollstreckungsakt bereits eine Gebühr (§§ 4, 5, 6) zusteht, neben dieser besonders erhoben. Ist ein Gebührenanspruch aus § 7 bereits erwachsen, so bleibt eine vor Beendigung des Geschäfts folgende freiwillige Zahlung ohne Einfluß.

§ 12. Die in den §§ 4 bis 11 bestimmten Gebühren [1]) umfassen die gesammte Thätigkeit des Gerichtsvollziehers bei der Zwangsvollstreckung, insbesondere:

1. die Nachsuchung der Unterstützung der polizeilichen Vollzugsorgane und die Zuziehung der Zeugen und Sachverständigen (C.-P.-O. §§ 678, 679, 716);
2. die zu den Vollstreckungshandlungen gehörenden Mittheilungen, Aufforderungen, Zustellungen und Postsendungen;
3. die Umschreibung eines auf den Namen lautenden Werthpapiers auf den Namen des Käufers und die Wiederinkurssetzung eines gepfändeten Inhaberpapiers (C.-P.-O. §§ 723, 724);
4. die Annahme und Quittirung, Ablieferung oder Hinterlegung der schuldigen Leistungen, sowie des gepfändeten oder erlösten Geldes und die Zurückgabe gepfändeter Gegenstände;
5. die Bekanntmachung der Versteigerung.

§ 13. An baaren Auslagen werden dem Gerichtsvollzieher vergütet:

1. die Schreibgebühren;
2. die Post- und Telegraphengebühren;
3. die durch öffentliche Bekanntmachungen, insbesondere durch Einrückung in öffentliche Blätter entstandenen Kosten;
4. die an Zeugen und Sachverständige zu zahlenden Beträge;
5. die Entschädigung der zum Oeffnen von Thüren und Behältnissen zugezogenen Personen;
6. die für Umschreibung eines auf Namen lautenden Werthpapiers oder für Wiederinkurssetzung eines Inhaberpapiers zu zahlenden Beträge;
7. die Kosten eines Transports von Personen oder Sachen, die Kosten der Verwahrung und Beaufsichtigung von Gegenständen, die Kosten der Aberntung von Früchten, sowie der Erhaltung von Thieren;
8. die Reisekosten.

§ 14. Schreibgebühren werden dem Gerichtsvollzieher nach Maßgabe des § 80 des G.-K.-G. [2]) vergütet:

1. für alle nach gesetzlicher Vorschrift oder auf Antrag ertheilten Abschriften der von demselben aufgenommenen Urkunden und Protokolle, mit Ausnahme der nach gesetzlicher Vorschrift zu ertheilenden Abschrift der Zustellungsurkunde; im Falle des § 2 Abs. 2 wird ihm jedoch für jede Abschrift der Zustellungsurkunde die Schreibgebühr vergütet [3]);

[1]) Die baaren Auslagen für die unter Nr. 1—5 aufgeführten Akte sind selbstredend immer zu erstatten.

[2]) Vorn II. Theil Nr. 104.

[3]) Ist dem Gerichtsvollzieher die Anfertigung anderer Abschriften von der Partei übertragen, so bleibt die Entschädigung der Vereinbarung überlassen.

2. für die bei einer Hinterlegung zu erstattende Anzeige an das Vollstreckungsgericht (C.-P.-O. §§ 728, 751)[1]);
3. für die Aufnahme der von dem Drittschuldner nach Zustellung eines Pfändungsbeschlusses abgegebenen Erklärungen (C.-P.-O. § 739);
4. für die vor der Verhaftung erforderliche Anzeige an die vorgesetzte Dienstbehörde des zu Verhaftenden (C.-P.-O. § 791).

§ 15. Den zu einer Vollstreckungshandlung in Gemäßheit der Vorschrift des § 679 der C.-P.-O. zugezogenen Zeugen kann eine Entschädigung bis zum Betrage von je 1 Mark gewährt werden.

§ 16. Dem zur Abschätzung von Kostbarkeiten verwendeten Sachverständigen (C.-P.-O. § 716) kann eine Vergütung nach dem ortsüblichen Preise einer solchen Leistung gewährt werden.

§ 17. Muß der Gerichtsvollzieher behufs Vornahme einer Amtshandlung außerhalb seines dienstlichen Wohnsitzes einen Weg bis zur Entfernung von mehr als 2 Kilometer zurücklegen, so erhält er an Reisekosten für jedes angefangene Kilometer des Hinweges und des Rückweges eine Entschädigung von 10 Pfennig.

Nimmt der Gerichtsvollzieher mehrere Geschäfte auf derselben Reise vor, so erhält er für jedes derselben die volle, nach der Entfernung des Ortes von seinem Amtssitze zu berechnende Entschädigung; dabei gelten jedoch mehrere Geschäfte, welche für denselben Auftraggeber an demselben Orte vorgenommen werden und welche sich auf dieselbe Rechtsangelegenheit beziehen, als Ein Geschäft.

§ 18. Der Gerichtsvollzieher kann die Uebernahme eines Geschäfts von der Zahlung eines zur Deckung der baaren Auslagen und des vermuthlichen Betrags der Gebühren hinreichenden Vorschusses abhängig machen, sofern nicht das Geschäft von Amtswegen angeordnet oder für eine zum Armenrecht zugelassene Person auszuführen ist.

§ 19. Schuldner der Gebühren und Auslagen des Gerichtsvollziehers ist bei Geschäften, welche von Amtswegen angeordnet werden, die Staatskasse, bei sonstigen Geschäften der Auftraggeber.

§ 20. Die Gebühren und Auslagen sind, unbeschadet der Bestimmung des § 697[2]) der C.-P.-O., fällig, sobald der Auftrag erledigt ist. Der Gerichtsvollzieher ist berechtigt, dieselben von dem Auftraggeber durch Postvorschuß zu erheben.

§ 21. Im Falle der Bewilligung des Armenrechts werden dem für die arme Partei bestellten Gerichtsvollzieher die baaren Auslagen

[1]) Wenn nämlich die Pfändung für mehrere Gläubiger bewirkt ist.

[2]) Danach sind die Kosten der Zwangsvollstreckung zugleich mit dem zur Zwangsvollstreckung stehenden Anspruche beizutreiben.

von der Staatskasse ersetzt, falls nicht dieselben von dem Ersatzpflichtigen beigetrieben werden können (C.-P.-O. §§ 115, 697).

§ 22. Bei Erinnerungen gegen den Ansatz von Gebühren oder Auslagen des Gerichtsvollziehers findet, soweit nicht § 685 Abs. 2 der C.-P.-O. Platz greift, § 4 des G.-K.-G.[1]) entsprechende Anwendung.

§ 23. Die Gerichtsvollzieher sind verpflichtet, unter den Urschriften und Abschriften ihrer Akte eine Berechnung der Gebühren und Auslagen aufzustellen, und bei Geschäften, welche nach Verhältniß der verwendeten Zeit vergütet werden, in dem Protokolle die Dauer der letzteren anzugeben. Ist die Zeitangabe unterblieben, so darf nur die für die geringste Zeitdauer bestimmte Gebühr berechnet werden.

---

1) Vorn II. Theil Nr. 80

Tabelle I (zu Nr. 2).

Gesammtbetrag der Prozeßkosten

für einen nach Beweisaufnahme durch Urtheil beendigten Rechtsstreit.

Werthsklasse	Bei einem Werthe des Streitgegenstandes		I. Instanz. Kosten			II. Instanz. Kosten			III. Instanz. Kosten			Gesammtkosten aller Instanzen
	von mehr als	bis einschließlich	des Gerichts	der Anwälte und Gerichtsvollzieher	zusammen	des Gerichts	der Anwälte und Gerichtsvollzieher	zusammen	des Gerichts	der Anwälte und Gerichtsvollzieher	zusammen	
	M.	M.	M.	M.	M.	M.	M.	M.	M.	M.	M.	M.
1		20	15	26	41	8	20	28	4	13	17	für I. und II. Instanz: 69
2	20	60	19	32	51	13	26	39	8	19	27	90
3	60	120	26	38	64	22	32	54	15	23	38	118
4	120	200	35	56	91	33	50	83	24	39	63	174
5	200	300	45	80	125	46	70	116	35	55	90	241
6	300	450	63	110	173	62	96	158	47	75	122	331
7	450	650	78	140	218	81	126	207	62	101	163	425
8	650	900	90	170	260	104	156	260	80	127	207	520
9	900	1 200	114	194	308	127	180	307	98	149	247	615

												für alle 3 Instanzen:
10	1 200	1 600	132	218	350	149	204	353	116	169	285	988
11	1 600	2 100	160	248	408	173	230	403	134	190	324	1135
12	2 100	2 700	178	280	458	195	254	449	152	211	363	1270
13	2 700	3 400	196	304	500	218	278	496	170	232	402	1398
14	3 400	4 300	214	328	542	240	302	542	188	253	441	1525
15	4 300	5 400	232	352	584	263	326	589	206	274	480	1653
16	5 400	6 700	250	376	626	285	350	635	224	295	519	1780
17	6 700	8 200	271	400	671	312	374	686	245	315	560	1917
18	8 200	10 000	298	424	722	346	398	744	272	336	608	2074
19	10 000	12 000	328	448	776	384	422	806	302	357	659	2241
20	12 000	14 000	370	494	864	422	448	870	333	378	711	2445
21	14 000	16 000	400	518	918	460	472	932	363	399	762	2612
22	16 000	18 000	430	542	972	498	496	994	393	420	813	2779
23	18 000	20 000	460	566	1026	535	520	1055	423	441	864	2945
24	20 000	22 000	490	590	1080	573	544	1117	453	462	915	3112
25	22 000	24 000	520	614	1134	610	568	1178	483	483	966	3278
26	24 000	26 000	550	638	1188	648	592	1240	513	504	1017	3445
27	26 000	28 000	580	662	1242	685	616	1301	543	525	1068	3611
28	28 000	30 000	610	686	1296	723	640	1363	573	545	1118	3777
29	30 000	32 000	640	710	1350	760	664	1424	603	566	1169	3943

(Noch Tab. I.)

Gesammtbetrag der Prozeßkosten
für einen nach Beweisaufnahme durch Urtheil beendigten Rechtsstreit.

Werthsklasse	Bei einem Werthe des Streitgegenstandes von mehr als M.	bis einschließlich M.	I. Instanz. Kosten des Gerichts M.	der Anwälte und Gerichtsvollzieher M.	zusammen M.	II. Instanz. Kosten des Gerichts M.	der Anwälte und Gerichtsvollzieher M.	zusammen M.	III. Instanz. Kosten des Gerichts M.	der Anwälte und Gerichtsvollzieher M.	zusammen M.	Gesammtkosten aller Instanzen M.
30	32 000	34 000	670	734	1404	798	688	1486	633	587	1220	4 110
31	34 000	36 000	700	758	1458	835	712	1547	663	608	1271	4 276
32	36 000	38 000	730	782	1512	873	736	1609	693	628	1321	4 442
33	38 000	40 000	760	806	1566	910	760	1670	723	649	1372	4 608
34	40 000	42 000	790	830	1620	948	784	1732	753	670	1423	4 775
35	42 000	44 000	820	854	1674	985	808	1793	783	691	1474	4 941
36	44 000	46 000	850	878	1728	1023	832	1855	813	712	1525	5 108
37	46 000	48 000	880	902	1782	1060	856	1916	843	732	1575	5 273
38	48 000	50 000	910	926	1836	1098	880	1978	873	753	1626	5 440
	und so fort von je 2000 M. mehr also z. B. von		30	18	48	37,50	18	55,50	30	15,60	45,60	149,10

43	58 000	60 000	1060	1016	2076	1286	970	2256	1023	831	1854	6 186
48	68 000	70 000	1210	1106	2314	1473	1060	2533	1173	909	2082	6 929
53	78 000	80 000	1360	1196	2554	1661	1150	2811	1323	987	2310	7 675
58	88 000	90 000	1510	1286	2796	1848	1240	3088	1473	1065	2538	8 422
63	98 000	100 000	1660	1376	3036	2035	1330	3365	1623	1143	2766	9 167
	sodann mehr von je 2000 M., also z. B. von		30	12	42	37,50	12	49,50	30	10,40	40,40	131,90
113	198 000	200 000	3160	1976	5136	3910	1930	5840	3123	1663	4786	15 762
163	298 000	300 000	4660	2576	7236	5785	2530	8315	4623	2183	6806	22 357
213	938 000	400 000	6160	3176	9336	7660	3130	10790	6123	2703	8826	28 952
263	948 000	500 000	7660	3776	11436	9535	3730	13265	7623	3223	10846	35 547

Tabelle II (zu Nr. 3)

über die

bei einer **Vergleichsaufnahme** zu berücksichtigenden Kostenbeträge, wenn durch den Vergleich der Prozeß alsbald nach begonnener kontradiktorischer Verhandlung ohne Beweisanordnung beigelegt wird.

Werthsklasse	Bei einem Werthe des Streitgegenstandes von mehr als M.	bis einschließlich M.	In I. Instanz Gerichtsgebühren M.	In II. Instanz Gerichtsgebühren M.	Dazu für jede Instanz Anwalts-Gebühren M.
1		20	0,30	0,40	5
2	20	60	0,80	0,90	7,50
3	60	120	1,40	1,80	10
4	120	200	2,30	2,90	17,50
5	200	300	3,30	4,20	25
6	300	450	4,50	5,70	35
7	450	650	6	7,50	47,50
8	650	900	7,80	9,80	60
9	900	1 200	9,60	12	70
10	1 200	1 600	11,40	14,30	80
11	1 600	2 100	13,20	16,50	90
12	2 100	2 700	15	18,80	100
13	2 700	3 400	16,80	21	110
14	3 400	4 300	18,60	23,30	120
15	4 300	5 400	20,40	25,50	130
16	5 400	6 700	22,20	27,80	140
17	6 700	8 200	24,30	30,40	150
18	8 200	10 000	27	33,80	160
19	10 000	12 000	30	37,50	170
20	12 000	14 000	33	41,30	180
21	14 000	16 000	36	45	190
22	16 000	18 000	39	48,80	200
23	18 000	20 000	42	52,50	210
24	20 000	22 000	45	56,30	220
25	22 000	24 000	48	60	230

Werthsklasse	Bei einem Werthe des Streitgegenstandes von mehr als M.	bis einschließlich M.	In I. Instanz Gerichtsgebühren M.	In II. Instanz Gerichtsgebühren M.	Dazu für jede Instanz Anwaltsgebühren M.
26	24 000	26 000	51	63,80	240
27	26 000	28 000	54	67,50	250
28	28 000	30 000	57	71,30	260
29	30 000	32 000	60	75	270
30	32 000	34 000	63	78,80	280
31	34 000	36 000	66	82,50	290
32	36 000	38 000	69	86,30	300
33	38 000	40 000	72	90	310
34	40 000	42 000	75	93,80	320
35	42 000	44 000	78	97,50	330
36	44 000	46 000	81	101,30	340
37	46 000	48 000	84	105	350
38	48 000	50 000	87	108,80	360
	und so fort von je 2000 M. mehr		3	3,75	7,50
	also z. B. von				
43	58 000	60 000	102	127,50	397,50
48	68 000	70 000	117	146,30	435
53	78 000	80 000	132	165	472,50
58	88 000	90 000	147	183,80	510
63	98 000	100 000	162	202,50	547,50
	sodann mehr von je 2000 M.		3	3,75	5
	also z. B. von				
113	198 000	200 000	312	390	797,50
163	298 000	300 000	462	577,50	1047,50
213	398 000	400 000	612	765	1297,50
263	498 000	500 000	762	952,50	1547,50
	ferner neben diesen Gebühren an Auslagen etwa		0,30—4	0,30—4	2—8

Tabelle III.

Gerichtsgebühren in erster Instanz
(mit Ausschluß der Urkunden- und Wechselprozesse.)

Werthsklasse	Bei einem Werth des Gegenstandes von mehr als M.	bis einschließlich M.	1. Normal-Gebühr M.	2. 1/10 Gebühr M.	3. 2/10 Gebühr M.	4. 3/10 Gebühr M.	5. 5/10 Gebühr M.
1	—	20	1	0,20	0,20	0,30	0,50
2	20	60	2,40	0,30	0,50	0,80	1,20
3	60	120	4,60	0,50	1	1,40	2,30
4	120	200	7,50	0,80	1,50	2,30	3,80
5	200	300	11	1,10	2,20	3,30	5,50
6	300	450	15	1,50	3	4,50	7,50
7	450	650	20	2	4	6	10
8	650	900	26	2,60	5,20	7,80	13
9	900	1 200	32	3,20	6,40	9,60	16
10	1 200	1 600	38	3,80	7,60	11,40	19
11	1 600	2 100	44	4,40	8,80	13,20	22
12	2 100	2 700	50	5	10	15	25
13	2 700	3 400	56	5,60	11,20	16,80	28
14	3 400	4 300	62	6,20	12,40	18,60	31
15	4 300	5 400	68	6,80	13,60	20,40	34
16	5 400	6 700	74	7,40	14,80	22,20	37
17	6 700	8 200	81	8,10	16,20	24,30	40,50
18	8 200	10 000	90	9	18	27	45
19	10 000	12 000	100	10	20	30	50
20	12 000	14 000	110	11	22	33	55
21	14 000	16 000	120	12	24	36	60
22	16 000	18 000	130	13	26	39	65
23	18 000	20 000	140	14	28	42	70

Werthsklasse	Streitgegenstand von mehr als M.	bis einschließlich M.	1. Normal-Gebühr M.	2. 1/10 Gebühr M.	3. 2/10 Gebühr M.	4. 3/10 Gebühr M.	5. 5/10 Gebühr M.
24	20 000	22 000	150	15	30	45	75
25	22 000	24 000	160	16	32	48	80
26	24 000	26 000	170	17	34	51	85
27	26 000	28 000	180	18	36	54	90
28	28 000	30 000	190	19	38	57	95
	und so fort von je 2000 Mark mehr: also z. B. von		10	1	2	3	5
33	38 000	40 000	240	24	48	72	120
38	48 000	50 000	290	29	58	87	145
43	58 000	60 000	340	34	68	102	170
48	68 000	70 000	390	39	78	117	195
53	78 000	80 000	440	44	88	132	220
58	88 000	90 000	490	49	98	147	245
63	98 000	100 000	540	54	108	162	270
113	198 000	200 000	1040	104	208	312	520
163	298 000	300 000	1540	154	308	462	770
213	398 000	400 000	2040	204	408	612	1020
263	498 000	500 000	2540	254	508	762	1270

Die Gebühr Spalte 1 kann in jedem Prozesse je einmal erhoben werden:
1) für die kontradiktorische Verhandlung (Verhandlungsgebühr).
2) für die Beweisanordnungen (Beweisgebühr).
3) für alle sonstige Entscheidungen (Entscheidungsgebühr).

Hat keine Beweisaufnahme stattgefunden, wird die Beweisgebühr nur nach Spalte 5 angesetzt. Ueber Ermäßigungen bei Vergleich, Anerkenntniß, Verzicht vergl. Nr. 83, Beschwerdegebühr Spalte 4.

Tabelle IV.

Gerichtsgebühren in der Berufungsinstanz

(mit Ausschluß der Urkunden- und Wechselprozesse).

Werthsklasse	Bei einem Werthe des Gegenstandes von mehr als M.	bis einschließlich M.	1. Einheitsgebühr M.	2. 1/10 Gebühr M.	3. 3/10 Gebühr M.	4. 5/10 Gebühr M.
1		20	1,30	0,20	0,40	0,70
2	20	60	3	0,30	0,90	1,50
3	60	120	5,80	0,60	1,80	2,90
4	120	200	9,40	1	2,90	4,70
5	200	300	13,80	1,40	4,20	6,90
6	300	450	18,80	1,90	5,70	9,40
7	450	650	25	2,50	7,50	12,50
8	650	900	32,50	3,30	9,80	16,30
9	900	1 200	40	4	12	20
10	1 200	1 600	47,50	4,80	14,30	23,80
11	1 600	2 100	55	5,50	16,50	27,50
12	2 100	2 700	62,50	6,30	18,80	31,30
13	2 700	3 400	70	7	21	35
14	3 400	4 300	77,50	7,80	23,30	38,80
15	4 300	5 400	85	8,50	25,50	42,50
16	5 400	6 700	92,50	9,30	27,80	46,30
17	6 700	8 200	101,30	10,20	30,40	50,70
18	8 200	10 000	112,50	11,30	33,80	56,30
19	10 000	12 000	125	12,50	37,50	62,50
20	12 000	14 000	137,50	13,80	41,30	68,80
21	14 000	16 000	150	15	45	75
22	16 000	18 000	162,50	16,30	48,80	81,30
23	18 000	20 000	175	17,50	52,50	87,50

Werthsklasse	Bei einem Werthe des Gegenstandes von mehr als M.	bis einschließlich M.	1. Einheitsgebühr M.	2. 1/10 Gebühr M.	3. 3/10 Gebühr M.	4. 5/10 Gebühr M.
24	20 000	22 000	187,50	18,80	56,30	93,80
25	22 000	24 000	200	20	60	100
26	24 000	26 000	212,50	21,30	63,80	106,30
27	26 000	28 000	225	22,50	67,50	112,50
28	28 000	30 000	237,50	23,80	71,30	118,80
	und so fort von je 2000 M. mehr:		12,50	1,25	3,75	6,25
	also z. B. von					
33	38 000	40 000	300	30	90	150
38	48 000	50 000	362,50	36,30	108,80	181,30
43	58 000	60 000	425	42,50	127,50	212,50
48	68 000	70 000	487,50	48,80	146,30	243,80
53	78 000	80 000	550	55	165	275
58	88 000	90 000	612,50	61,30	183,80	306,25
63	98 000	100 000	675	67,50	202,50	337,50
113	198 000	200 000	1300	130	390	650
163	298 000	300 000	1925	192,50	577,50	962,50
213	398 000	400 000	2550	255	765	1275
263	498 000	500 000	3175	317,50	952,50	1586,50

Vgl. Bemerkungen zu Tab. III.

Tabelle V.

Gerichtsgebühren in der Revisionsinstanz

(mit Ausschluß der Urkunden- und Wechselprozesse).

Werthsklasse	Bei einem Werthe des Gegenstandes von mehr als M.	bis einschließlich M.	1. Einheitsgebühr M.	2. 1/10 Gebühr M.	3. 3/10 Gebühr M.	4. 5/10 Gebühr M.
1		20	1,50	0,20	0,50	0,80
2	20	60	3,60	0,40	1,10	1,80
3	60	120	6,90	0,70	2,10	3,50
4	120	200	11,30	1,20	3,40	5,70
5	200	300	16,50	1,70	5	8,30
6	300	450	22,50	2,30	6,80	11,30
7	450	650	30	3	9	15
8	650	900	39	3,90	11,70	19,50
9	900	1 200	48	4,80	14,40	24
10	1 200	1 600	57	5,70	17,10	28,50
11	1 600	2 100	66	6,60	19,80	33
12	2 100	2 700	75	7,50	22,50	37,50
13	2 700	3 400	84	8,40	25,20	42
14	3 400	4 300	93	9,30	27,90	46,50
15	4 300	5 400	102	10,20	30,60	51
16	5 400	6 700	111	11,10	33,30	55,50
17	6 700	8 200	121,50	12,20	36,50	60,80
18	8 200	10 000	135	13,50	40,50	67,50
19	10 000	12 000	150	15	45	75
20	12 000	14 000	165	16,50	49,50	82,50
21	14 000	16 000	180	18	54	90
22	16 000	18 000	195	19,50	58,50	97,50
23	18 000	20 000	210	21	63	105

Werthsklasse	Bei einem Werthe des Gegenstandes von mehr als M.	bis einschließlich M.	1. Einheitsgebühr M.	2. 1/10 Gebühr M.	3. 3/10 Gebühr M.	4. 5/10 Gebühr M.
24	20 000	22 000	225	22,50	67,50	112,50
25	22 000	24 000	240	24	72	120
26	24 000	26 000	255	25,50	76,50	127,50
27	26 000	28 000	270	27	81	135
28	28 000	30 000	285	28,50	85,50	142,50
	und so fort von je 2000 Mark mehr: also z. B. von		15	1,50	4,50	7,50
33	38 000	40 000	360	36	108	180
38	48 000	50 000	435	43,50	130,50	217,50
43	58 000	60 000	510	51	153	255
48	68 000	70 000	585	58,50	175,50	292,50
53	78 000	80 000	660	66	198	330
58	88 000	90 000	735	73,50	220,50	367,50
63	98 000	100 000	810	81	243	405
113	198 000	200 000	1560	156	468	780
163	298 000	300 000	2310	231	693	1155
213	398 000	400 000	3060	306	918	1530
263	498 000	500 000	3810	381	1143	1905

Vergl. Bemerkungen zu Tab. III.

Tabelle VI.

Gerichtsgebühren in Urkunden- und Wechselprozessen.

Werthsklasse	Bei einem Werthe des Gegenstandes von mehr als M	bis einschließlich M.	1. A. Erste Instanz. Einheitsgebühr M	2. B. Berufungsinstanz. Einheitsgebühr M.	3. C. Revisionsinstanz. Einheitsgebühr M.
1	—	20	0,60	0,80	0,90
2	20	60	1,50	1,80	2,20
3	60	120	2,80	3,50	4,20
4	120	200	4,50	5,70	6,80
5	200	300	6,60	8,30	9,90
6	300	450	9	11,30	13,50
7	450	650	12	15	18
8	650	900	15,60	19,50	23,40
9	900	1 200	19,20	24	28,80
10	1 200	1 600	22,80	28,50	34,20
11	1 600	2 100	26,40	33	39,60
12	2 100	2 700	30	37,50	45
13	2 700	3 400	33,60	42	50,40
14	3 400	4 300	37,20	46,50	55,80
15	4 300	5 400	40,80	51	61,20
16	5 400	6 700	44,40	55,50	66,60
17	6 700	8 200	48,60	60,80	72,90
18	8 200	10 000	54	67,50	81
19	10 000	12 000	60	75	90
20	12 000	14 000	66	82,50	99
21	14 000	16 000	72	90	108
22	16 000	18 000	78	97,50	117
23	18 000	20 000	84	105	126

Werthsklasse	Bei einem Werthe des Gegenstandes von mehr als M.	bis einschließlich M.	1. A. Erste Instanz. Einheitsgebühr M.	2. B. Berufungsinstanz. Einheitsgebühr M.	3. C. Revisionsinstanz. Einheitsgebühr M.
24	20 000	22 000	90	112,50	135
25	22 000	24 000	96	120	144
26	24 000	26 000	102	127,50	153
27	26 000	28 000	108	135	162
28	28 000	30 000	114	142,50	171
	und so fort von je 2000 Mark mehr, also z. B. von		6	7,50	9
33	38 000	40 000	144	180	216
38	48 000	50 000	174	217,50	261
43	58 000	60 000	204	255	306
48	68 000	70 000	234	292,50	351
53	78 000	80 000	264	230	396
58	88 000	90 000	294	267,50	441
63	98 000	100 000	324	405	486
113	198 000	200 000	624	780	936
163	298 000	300 000	924	1155	1386
213	398 000	400 000	1224	1530	1836
263	498 000	500 000	1524	1905	2286

Vergl. Bemerkungen zu Tab. III.

Tabelle VII.
Anwaltsgebühren.

Werthsklasse	Bei einem Werthe des Gegenstandes von mehr als M.	bis einschließlich M.	1. Normal-Gebührensatz M.	2. $\frac{2}{10}$ Gebühr M.	3. $\frac{3}{10}$ Gebühr M.	4. $\frac{5}{10}$ Gebühr M.	5. $\frac{5}{20}$ Gebühr M.	6. 2fache Gebühr M.
1		20	2	1	1	1	1	4
2	20	60	3	1	1	1,50	1	6
3	60	120	4	1	1,20	2	1	8
4	120	200	7	1,40	2,10	3,50	1,75	14
5	200	300	10	2	3	5	2,50	20
6	300	450	14	2,80	4,20	7	3,50	28
7	450	650	19	3,80	5,70	9,50	4,75	38
8	650	900	24	4,80	7,20	12	6	48
9	900	1 200	28	5,60	8,40	14	7	56
10	1 200	1 600	32	6,40	9,60	16	8	64
11	1 600	2 100	36	7,20	10,80	18	9	72
12	2 100	2 700	40	8	12	20	10	80
13	2 700	3 400	44	8,80	13,20	22	11	88
14	3 400	4 300	48	9,60	14,40	24	12	96
15	4 300	5 400	52	10,40	15,60	26	13	104
16	5 400	6 700	56	11,20	16,80	28	14	112
17	6 700	8 200	60	12	18	30	15	120
18	8 200	10 000	64	12,80	19,20	32	16	128
19	10 000	12 000	68	13,60	20,40	34	17	136
20	12 000	14 000	72	14,40	21,60	36	18	144
21	14 000	16 000	76	15,20	22,80	38	19	152
22	16 000	18 000	80	16	24	40	20	160
23	18 000	20 000	84	16,80	25,20	42	21	168
24	20 000	22 000	8[illegible]	17,60	26,40	44	22	176
25	22 000	24 000	92	18,40	27,60	46	23	184

Werthsklasse	Bei einem Werthe des Gegenstandes von mehr als M.	bis einschließlich M.	1. Normal-Gebührensatz M.	2. $\frac{2}{10}$ Gebühr M.	3. $\frac{3}{10}$ Gebühr M.	4. $\frac{5}{10}$ Gebühr M.	5. $\frac{5}{20}$ Gebühr M.	6. 2fache Gebühr M.
26	24 000	26 000	96	19,20	28,80	48	24	192
27	26 000	28 000	100	20	30	50	25	200
28	28 000	30 000	104	20,80	31,20	52	26	208
29	30 000	32 000	108	21,60	32,40	54	27	216
30	32 000	34 000	112	22,40	33,60	56	28	224
31	34 000	36 000	116	23,20	34,80	58	29	232
32	36 000	38 000	120	24	36	60	30	240
33	38 000	40 000	124	24,80	37,20	62	31	248
34	40 000	42 000	128	25,60	38,40	64	32	256
35	42 000	44 000	132	26,40	39,60	66	33	264
36	44 000	46 000	136	27,20	40,80	68	34	272
37	46 000	48 000	140	28	42	70	35	280
38	48 000	50 000	144	28,80	43,20	72	36	288
	und so fort von je 2000 M. mehr: also z. B. von:		3	0,60	0,90	1,50	0,75	6
43	58 000	60 000	159	31,80	47,70	79,50	39,75	318
48	68 000	70 000	174	34,80	52,20	87	43,50	348
53	78 000	80 000	189	37,80	56,70	94,50	47,25	378
58	88 000	90 000	204	40,80	61,20	102	51	408
63	98 000	100 000	219	43,80	65,70	109,50	54,75	438
	alsdann mehr von je 2000 M. also z. B. von:		2	0,40	0,60	1	0,50	4
263	498 000	500 000	619	123,80	185,70	309,50	154,75	1238

Tabelle VIII.

Erhöhte Sätze der Rechtsanwälte beim Reichsgericht in der Revisions-Instanz.

Werthsklasse	Bei einem Werthe des Gegenstandes von mehr als M.	bis einschließlich M.	1. 1fache Gebühr M.	2. $^{2}/_{10}$ Gebühr M.	3. $^{3}/_{10}$ Gebühr M.	4. $^{5}/_{10}$ Gebühr M.	5. $^{5}/_{20}$ Gebühr M.	6. 2fache Gebühr M.
1		20	2,60	1	1	1,30	1	5,20
2	20	60	3,90	1	1,17	1,95	1	7,80
3	60	120	5,20	1,04	1,56	2,60	1,30	10,40
4	120	200	9,10	1,82	2,73	4,55	2,27	18,20
5	200	300	13	2,60	3,90	6,50	3,25	26
6	300	450	18,20	3,64	5,46	9,10	4,55	36,40
7	450	650	24,70	4,94	7,41	12,35	6,17	49,40
8	650	900	31,20	6,24	9,36	15,60	7,80	62,40
9	900	1 200	36,40	7,28	10,92	18,20	9,10	72,80
10	1 200	1 600	41,60	8,32	12,48	20,80	10,40	83,20
11	1 600	2 100	46,80	9,36	14,04	23,40	11,70	93,60
12	2 100	2 700	52	10,40	15,60	26	13	104

13	2 700	3 400	57,20	11,44	17,16	28,60	14,30	114,40
14	3 400	4 300	62,40	12,48	18,72	31,20	15,60	124,80
15	4 300	5 400	67,60	13,52	20,28	33,80	16,90	135,20
16	5 400	6 700	72,80	14,56	21,84	36,40	18,20	145,60
17	6 700	8 200	78	15,60	23,40	39	19,50	156
18	8 200	10 000	83,20	16,64	24,96	41,60	20,80	166,40
19	10 000	12 000	88,40	17,68	26,52	44,20	22,10	176,80
20	12 000	14 000	93,60	18,72	28,08	46,80	23,40	187,20
21	14 000	16 000	98,80	19,76	29,64	49,40	24,70	197,60
22	16 000	18 000	104	20,80	31,20	52	26	208
23	18 000	20 000	109,20	21,84	32,76	54,60	27,30	218,40
24	20 000	22 000	114,40	22,88	34,32	57,20	28,60	228,80
25	22 000	24 000	119,60	23,92	35,88	59,80	29,90	239,20
26	24 000	26 000	124,80	24,96	37,44	62,40	31,20	249,60
27	26 000	28 000	130	26	39	65	32,50	260
28	28 000	30 000	135,20	27,04	40,56	67,60	33,80	270,40
29	30 000	32 000	140,40	28,08	42,12	70,20	35,10	280,80
30	32 000	34 000	145,60	29,12	43,68	72,80	36,40	291,20
31	34 000	36 000	150,80	30,16	45,24	75,40	37,70	301,60
32	36 000	38 000	156	31,20	46,80	78	39	312

Erhöhte Sätze der Rechtsanwälte beim Reichsgericht in der Revisions-Instanz.

(Noch Tab. VIII.)

Werthsklasse	Bei einem Werthe des Gegenstandes von mehr als M	bis einschließlich M.	1. 1 fache Gebühr M.	2. $\frac{2}{10}$ Gebühr M.	3. $\frac{3}{10}$ Gebühr M.	4. $\frac{5}{10}$ Gebühr M.	5. $\frac{5}{20}$ Gebühr M.	6. 2 fache Gebühr M.
33	38 000	40 000	161,20	32,24	48,36	80,60	40,30	322,40
34	40 000	42 000	166,40	33,28	49,92	83,20	41,60	332,80
35	42 000	44 000	171,60	34,32	51,48	85,80	42,90	343,20
36	44 000	46 000	176,80	35,36	53,04	88,40	44,20	353,60
37	46 000	48 000	182	36,40	54,60	91	45,50	364
38	48 000	50 000	187,20	37,44	56,16	93,60	46,80	374,40
	und so fort von je 2000 Mark mehr also z. B von		3,90	0,78	1,17	1,95	0,975	7,80
43	58 000	60 000	206,70	41,34	62,01	103,35	51,67	413,40
48	68 000	70 000	226,20	45,24	67,86	113,10	56,55	452,40
53	78 000	80 000	245,70	49,14	73,71	122,85	61,42	491,40
58	88 000	90 000	265,20	53,04	79,56	132,60	66,30	530,40
63	98 000	100 000	284,70	56,94	85,41	142,35	71,17	569,40
	alsdann mehr von je 2000 Mark		2,60	0,52	0,78	1,30	0,65	5,20

Tabelle IX.

In bürgerlichen Rechtsstreitigkeiten (mit Ausschluß der Urkunden und Wechselprozesse) stehen dem Rechtsanwalt als Prozeßbevollmächtigten in I. oder II. Instanz zu:

Werthsklasse	Bei einem Werthe des Gegenstandes von mehr als	bis einschließlich	1. Die Prozeßgebühr für den Geschäftsbetrieb einschließlich der Information (voller Einheitssatz)	2. Die Verhandlungsgebühr für die mündliche Verhandlung, soweit sie a) nicht kontradiktorisch (½ Satz)	b) kontradiktorisch (voller Satz)	auch nach der Beweisaufnahme oder dem Eidesleistungstermin (Nr 105d) fortgesetzt wird und zwar c) nicht kontradiktorisch (1¼ Satz)	d) kontradiktorisch (1½ Satz)	3. Die Beweisgebühr für die Vertretung in dem Termine zur Leistung eines durch ein Urtheil auferlegten Eides sowie in einem Beweisaufnahmeverfahren (½ Satz)	4. Die Vergleichsgebühr für die Mitwirkung bei einem zur Beilegung des Rechtsstreits abgeschlossenen Vergleich (voller Satz)
	M	M	M	M	M.	M.	M	M	M.
1		20	2	1	2	2,50	3	1	2
2	20	60	3	1,50	3	3,75	4,50	1,50	3
3	60	120	4	2	4	5	6	2	4
4	120	200	7	3,50	7	8,75	10,50	3,50	7
5	200	300	10	5	10	12,50	15	5	10
6	300	450	14	7	14	17,50	21	7	14
7	450	650	19	9,50	19	23,75	28,50	9,50	19
8	650	900	24	12	24	30	36	12	24

(Noch Tab. IX.)

In bürgerlichen Rechtsstreitigkeiten (mit Ausschluß der Urkunden- und Wechselprozesse) stehen dem Rechtsanwalt als Prozeßbevollmächtigten in I. oder II. Instanz zu:

Werthsklasse	Bei einem Werthe des Gegenstandes von mehr als M	bis einschließlich M	1. Prozeß-Gebühr M.	2. Verhandlungsgebühr a) M.	b) M	c) M.	d) M	3. Beweisgebühr M.	4. Vergleichsgebühr M.
9	900	1 200	28	14	28	35	42	14	28
10	1 200	1 600	32	16	32	40	48	16	32
11	1 600	2 100	36	18	36	45	54	18	36
12	2 100	2 700	40	20	40	50	60	20	40
13	2 700	3 400	44	22	44	55	66	22	44
14	3 400	4 300	48	24	48	60	72	24	48
15	4 300	5 400	52	26	52	65	78	26	52
16	5 400	6 700	56	28	56	70	84	28	56
17	6 700	8 200	60	30	60	75	90	30	60
18	8 200	10 000	64	32	64	80	96	32	64
19	10 000	12 000	68	34	68	85	102	34	68
20	12 000	14 000	72	36	72	90	108	36	72
21	14 000	16 000	76	38	76	95	114	38	76
22	16 000	18 000	80	40	80	100	120	40	80

23	18 000	20 000	84	42	84	105	126	42	84
24	20 000	22 000	88	44	88	110	132	44	88
25	22 000	24 000	92	46	92	115	138	46	92
26	24 000	26 000	96	48	96	120	144	48	96
27	26 000	28 000	100	50	100	125	150	50	100
28	28 000	30 000	104	52	104	130	156	52	104
29	30 000	32 000	108	54	108	135	162	54	108
30	32 000	34 000	112	56	112	140	168	56	112
31	34 000	36 000	116	58	116	145	174	58	116
32	36 000	38 000	120	60	120	150	180	60	120
33	38 000	40 000	124	62	124	155	186	62	124
34	40 000	42 000	128	64	128	160	192	64	128
35	42 000	44 000	132	66	132	165	198	66	132
36	44 000	46 000	136	68	136	170	204	68	136
37	46 000	48 000	140	70	140	175	210	70	140
38	48 000	50 000	144	72	144	180	216	72	144
	und so fort von je 2000 M. mehr:		3	1,50	3	3,75	4,50	1,50	3
	also z. B.								
63	98 000	100 000	219	109,50	219	273,75	328,50	109,50	219
	alsdann mehr von je 2000 M.		2	1	2	2,50	3	1	2

Ueber die Fälle der Erhöhung oder Ermäßigung der Gebühren vgl. Nr. 105, 107, 110, 115 und Tarif.

Tabelle X.

In Urkunden- und Wechselprozessen stehen dem Rechtsanwalt als Prozeßbevollmächtigten in I. und II. Instanz zu:

Werthsklasse	Bei einem Werthe des Gegenstandes von mehr als	bis einschließlich	1. Die Prozeßgebühr für den Geschäftsbetrieb einschließlich der Information (voller Einheitssatz)	2. Die Verhandlungsgebühr für die mündliche Verhandlung, soweit sie a) nicht kontradiktorisch (½ Satz)	b) kontradiktorisch (voller Satz)	auch nach der Beweisaufnahme oder dem Eidesleistungstermin (Nr. 105 d) fortgesetzt wird und zwar c) nicht kontradiktorisch (1¼ Satz)	d) kontradiktorisch (1½ Satz)	3. Die Beweisgebühr für die Vertretung in dem Termine zur Leistung eines durch ein Urtheil auferlegten Eides sowie in einem Beweisaufnahme-Verfahren (½ Satz)	4. Die Vergleichsgebühr für die Mitwirkung bei einem zur Beilegung des Rechtsstreits abgeschlossenen Vergleich (voller Satz)
	M.	M.	M.	M.	M.	M.	M.	M.	M.
1		20	1,20	1	1,20	1,50	1,80	1	1,20
2	20	60	1,80	1	1,80	2,25	2,70	1	1,80
3	60	120	2,40	1,20	2,40	3	3,60	1,20	2,40
4	120	200	4,20	2,10	4,20	5,25	6,30	2,10	4,20
5	200	300	6	3	6	7,50	9	3	6
6	300	450	8,40	4,20	8,40	10,50	12,60	4,20	8,40
7	450	650	11,40	5,70	11,40	14,25	17,10	5,70	11 40
8	650	900	14,40	7,20	14,40	18	21,60	7,20	14,40

9	900	1 200	16,80	8,40	16,80	21	25,20	8,40	16,80
10	1 200	1 600	19,20	9,60	19,20	24	28,80	9,60	19,20
11	1 600	2 100	21,60	10,80	21,60	27	32,40	10,80	21,60
12	2 100	2 700	24	12	24	30	36	12	24
13	2 700	3 400	26,40	13,20	26,40	33	39,60	13,20	26,40
14	3 400	4 300	28,80	14,40	28,80	36	43,20	14,40	28,80
15	4 300	5 400	31,20	15,60	31,20	39	46,80	15,60	31,20
16	5 400	6 700	33,60	16,80	33,60	42	50,40	16,80	33,60
17	6 700	8 200	36	18	36	45	54	18	36
18	8 200	10 000	38,40	19,20	38,40	48	57,60	19,20	38,40
19	10 000	12 000	40,80	20,40	40,80	51	61,20	20,40	40,80
20	12 000	14 000	43,20	21,60	43,20	54	64,80	21,60	43,20
21	14 000	16 000	45,60	22,80	45,60	57	68,40	22,80	45,60
22	16 000	18 000	48	24	48	60	72	24	48
23	18 000	20 000	50,40	25,20	50,40	63	75,60	25,20	50,40
24	20 000	22 000	52,80	26,40	52,80	66	79,20	26,40	52,80
25	22 000	24 000	55,20	27,60	55,20	69	82,80	27,60	55,20
26	24 000	26 000	57,60	28,80	57,60	72	86,40	28,80	57,60
27	26 000	28 000	60	30	60	75	90	30	60
28	28 000	30 000	62,40	31,20	62,40	78	93,60	31,20	62,40
29	30 000	32 000	64,80	32,40	64,80	81	97,20	32,40	64,80
30	32 000	34 000	67,20	33,60	67,20	84	100,80	33,60	67,20

(Noch Tab. X.)

In Urkunden- und Wechselprozessen stehen dem Rechtsanwalt als Prozeßbevollmächtigten in I. und II. Instanz zu:

Werthsklasse	Bei einem Werthe des Gegenstandes von mehr als M.	bis einschließlich M.	1. Prozeß-Gebühr M.	2. Verhandlungsgebühr a) M.	b) M.	c) M.	d) M.	3. Beweisgebühr M.	4. Vergleichsgebühr M.
31	34 000	36 000	69,60	34,80	69,60	87	104,40	34,80	69,60
32	36 000	38 000	72	36	72	90	108	36	72
33	38 000	40 000	74,40	37,20	74,40	93	111,60	37,20	74,40
34	40 000	42 000	76,80	38,40	76,80	96	115,20	38,40	76,80
35	42 000	44 000	79,20	39,60	79,20	99	118,80	39,60	79,20
36	44 000	46 000	81,60	40,80	81,60	102	122,40	40,80	81,60
37	46 000	48 000	84	42	84	105	126	42	84
38	48 000	50 000	86,40	43,20	86,40	108	129,60	43,20	86,40
	und so fort von je 2000 M. mehr: also z. B. von		1,80	0,90	1,80	2,25	2,70	0,90	1,80
63	98 000	100 000	131,40	65,70	131,40	164,25	197,10	65,70	131,40
	alsdann mehr von je 2000 M.		1,20	0,60	1,20	1,50	1,80	0,80	1,20

Ueber die Fälle der Erhöhung oder Ermäßigung der Gebühren vergl. Nr. 105, 107, 110, 115.

Tabelle XI.

Gebühren der Rechtsanwälte für Erhebung und Ablieferung von Geldern und Werthpapieren:

Bei einem Gegenstande von mehr als M.	Bei einem Gegenstande bis einschließlich M.	Von Geldern M.	Von Werthpapieren M.
	100	1	0,50*)
100	200	2	1
200	300	3	1,50
300	400	4	2
400	500	5	2,50
500	600	6	3
600	700	7	3,50
700	800	8	4
800	900	9	4,50
900	1 000	10	5
1 000	1 100	10,50	5,25
1 100	1 200	11	5,50
1 200	1 300	11,50	5,75
1 300	1 400	12	6
1 400	1 500	12,50	6,25
1 500	1 600	13	6,50
1 600	1 700	13,50	6,75
1 700	1 800	14	7
1 800	1 900	14,50	7,25
1 900	2 000	15	7,50
2 000	2 100	15,50	7,75
2 100	2 200	16	8
2 200	2 300	16,50	8,25
2 300	2 400	17	8,50
2 400	2 500	17,50	8,75
2 500	2 600	18	9

*) Gebühr, welche ausnahmsweise weniger als 1 Mk. beträgt.

Bei einem Gegenstande von mehr als M.	bis einschließlich M.	Von Geldern M.	Von Werthpapieren M.
2 600	2 700	18,50	9,25
2 700	2 800	19	9,50
2 800	2 900	19,50	9,75
2 900	3 000	20	10
3 000	3 100	20,50	10,25
3 100	3 200	21	10,50
3 200	3 300	21,50	10,75
3 300	3 400	22	11
3 400	3 500	22,50	11,25
3 500	3 600	23	11,50
3 600	3 700	23,50	11,75
3 700	3 800	24	12
3 800	3 900	24,50	12,25
3 900	4 000	25	12,50
4 000	4 100	25,50	12,75
4 100	4 200	26	13
4 200	4 300	26,50	13,25
4 300	4 400	27	13,50
4 400	4 500	27,50	13,75
4 500	4 600	28	14
4 600	4 700	28,50	14,25
4 700	4 800	29	14,50
4 800	4 900	29,50	14,75
4 900	5 000	30	15
5 000	5 100	30,50	15,25
5 100	5 200	31	15,50
5 200	5 300	31,50	15,75
5 300	5 400	32	16
5 400	5 500	32,50	16,25
5 500	5 600	33	16,50
5 600	5 700	33,50	16,75
5 700	5 800	34	17

Bei einem Gegenstande von mehr als M.	bis einschließlich M.	Von Geldern M.	Von Werthpapieren M.
5 800	5 900	34,50	17,25
5 900	6 000	35	17,50
6 000	6 100	35,50	17,75
6 100	6 200	36	18
6 200	6 300	36,50	18,25
6 300	6 400	37	18,50
6 400	6 500	37,50	18,75
6 500	6 600	38	19
6 600	6 700	38,50	19,25
6 700	6 800	39	19,50
6 800	6 900	39,50	19,75
6 900	7 000	40	20
7 000	7 100	40,50	20,25
7 100	7 200	41	20,50
7 200	7 300	41,50	20,75
7 300	7 400	42	21
7 400	7 500	42,50	21,25
7 500	7 600	43	21,50
7 600	7 700	43,50	21,75
7 700	7 800	44	22
7 800	7 900	44,50	22,25
7 900	8 000	45	22,50
8 000	8 100	45,50	22,75
8 100	8 200	46	23
8 200	8 300	46,50	23,25
8 300	8 400	47	23,50
8 400	8 500	47,50	23,75
8 500	8 600	48	24
8 600	8 700	48,50	24,25
8 700	8 800	49	24,50
8 800	8 900	49,50	24,75
8 900	9 000	50	25

Bei einem Gegenstande von mehr als M.	bis einschließlich M.	Von Geldern M.	Von Werthpapieren M.
9 000	9 100	50,50	25,25
9 100	9 200	51	25,50
9 200	9 300	51,50	25,75
9 300	9 400	52	26
9 400	9 500	52,50	26,25
9 500	9 600	53	26,50
9 600	9 700	53,50	26,75
9 700	9 800	54	27
9 800	9 900	54,50	27,25
9 900	10 000	55	27,50
weiter: für jedes angefangene Hundert des Mehrbetrages je		Pf. 25	Pf. 12½
also z. B. von		M.	M.
10 000	10 100	55,25	27,62
10 900	11 000	57,50	28,75
11 900	12 000	60	30
12 900	13 000	62,50	31,25
13 900	14 000	65	32,50
14 900	15 000	67,50	33,75
15 900	16 000	70	35
16 900	17 000	72,50	36,25
17 900	18 000	75	37,50
18 900	19 000	77,50	38,75
19 900	20 000	80	40
29 900	30 000	105	52,50
39 900	40 000	130	65
49 900	50 000	155	77,50
99 900	100 000	280	140
199 900	200 000	530	265
499 900	500 000	1280	640

Druck von Albert Koenig in Guben.

FSC
www.fsc.org
MIX
Papier | Fördert gute Waldnutzung
FSC® C083411

Kolibri 360 GmbH
Ferdinand-Jühlke-Straße 7
99095 Erfurt, Deutschland
produktsicherheit@kolibri360.de